도대체 독서 모임 같은건
왜 하는거야?

펴 낸 날 2025년 6월 25일 초판 1쇄

지 은 이 김수지, 김지수, 이승호, 이하은, 장인희
펴 낸 이 박지민, 박종천
편   집 김정웅, 김현호, 민영신
책임편집 윤서주
디 자 인 롬디
표지디자인 권소현
책임미술 웨스트윤
마 케 팅 이경미, 박지환
펴 낸 곳 모모북스
         경기도 파주시 지목로89~37(신촌로 88~2)3동1층
         전화 010-5297-8303 팩스 02-6013-8303
         등록번호 2019년 03월 21일 제2019-000010호
         e-mail pj1419@naver.com

ⓒ 김수지, 김지수, 이승호, 이하은, 장인희, 2025
ISBN 979-11-90408-73-8 (03810)

- 책값은 뒤표지에 있습니다.
- 잘못된 책은 구매하신 곳에서 교환해드립니다.
- 모모북스에서는 여러분의 소중한 원고를 기다립니다.
투고처: momo14books@naver.com

도대체

독서 모임 같은 건 왜 하는 거야?

도파민 과잉 시대,
당신에게 보내는 '위대한' 독서모임 안내서

김수지
김지수
이승호
이하은
장인희
지음

목차

- 추천사 | 008
- 들어가며 | 018

위대함을 찾아 모인 사람들 : 수지, 하은, 지수, 인희

01 / 위대한 것들 | 024

02 / 우리가 읽은 것들 | 030

03 / 독후감을 쓴다는 것 | 038

04 / 두려움이 앞섰던 두꺼운 책 읽기 | 047

05 / 평어를 쓴다는 이유만으로 | 051

06 / 갈등이 갖는 가치 | 056

07 / 문장으로 시작해서 문장으로 끝나는 시간 | 061

08 / 클럽장이 사라졌다 | 065

09 / 위대한 것들에서 월간 위대함으로 | 070

위대함은 좋은 사람들과의 연결에서 시작된다 : 승호

01 / 첫 번째 인터뷰 — 윤성원 감독 | 077

02 / 두 번째 인터뷰 — 윤수영 대표 | 094

03 / 세 번째 인터뷰 — 임태윤 대표 | 121

우리가 발견한 위대함 : 수지, 지수, 인희, 하은

01 / 우리가 위대하다고 생각하는 것 : 그레타 툰베리 VS 일론 머스크 | 150

02 / 멤버들의 연애관 : 에로스의 종말 | 164

03 / 함께 읽기의 힘, 도둑맞은 집중력 되찾기 | 171

04 / 책 + 영화 = ? | 176

05 / 토론에 참여하는 여러 가지 방법 | 180

06 / 독서 모임은 핑계일 뿐 | 184

07 / 독서 모임에서 연애 할 수 있나요? | 188

08 / 수상할 정도로 게임에 진심인 사람들 | 194

09 / 소모임의 탄생 | 198

10 / 소소함을 좋아했던 내가 위대함에 빠지게 된 이유 | 203

11 / 다름을 인정하는 과정 | 206

12 / 만남은 어렵고 이별도 어려워 | 210

월간 위대함의 동료들 : 지수

01 / 함께 하는 것의 위대함 | 218

02 / 더 나은 사람이 되고 싶다는 마음 — 남훈 | 221

03 / 삶은 유한하지만 죽기 직전까지 애써서 살아내고 싶다 — 소현 | 231

04 / 반복되는 일상에도 지치지 않고 유머 한 조각을 가진 사람 — 연하 | 239

05 / 위대함이란, 시류를 따라가지 않는 것 — 재영 | 248

06 / 호기심을 가질 때 내가 하고 싶은 이야기 — 동현 | 258

07 / 소소한 것의 위대함, 무용한 것의 아름다움 — 하은 | 267

- 나가며 | 280

추천사

함께 읽고, 쓰고, 말하기를 예찬하는 '듣보잡s'의 기록

이하형 | 주콜롬비아대사관 2등서기관

흠……. 당신은 이 책을 왜 집어 들었을까? 심지어 첫 장을 펼쳐 이 글을 읽고 있을까?

이 책은 유명인의 작품도 아니고, 대단한 지식을 전달하고자 하는 도서도 아니다.

추천사마저 듣보잡 외교관이 쓰고 있다.

단순히 겉표지가 마음에 들어서일 수도 있겠다. 그렇다면 표지 담당 디자이너의 승리다.

그게 아니라면, 추측건대 당신은 책 읽기와 글쓰기에 관심 있는 사람일 것 같다.

그렇다면 조금 더 책장을 넘겨보기를 권한다.

이 책은 5명의 개성 넘치는 청춘들이 '위대함'을 주제로 독서 모임에서 지난 2년간 함께 읽고, 쓰고, 말하며 배우고 느낀 점을 담고 있다.

소소하면서도 공감을 자아내는 에세이 모음집이다.

동시에 책을 매개로 사람과 연결되고 세상에 나아가는 경험을 진솔한 언어로 표현한 고백록이기도 하다.

내가 이들과 연을 맺게 된 때는 2023년 봄이었다.

꽃피는 계절이건만 내 육신과 정신은 무한 야근과 주말 출근으로 시들어갔다.

그러던 와중, 대학 동기로부터 오랜만에 연락이 왔다.

저자들이 인터뷰한 사람 중 한 명인 윤성원의 카톡이었다.

평소 먼저 연락하는 법이 거의 없는 유튜브 세계의 유명인사가 내게 무슨 일로?

"하형아, 독서 모임 할래?"

예상 범위 가장 밖에 있는 내용이었다.

내 기억 속 대학생 시절 그는 책을 패션의 일부로 활용하는 멋쟁이였다.

게다가 지금은 텍스트보다 비디오를 업으로 삼고 있었다. 그런데 갑자기 독서 모임이라니?

사정은 이러했다.

'유료 독서 모임 플랫폼 대표의 권유로 독서 모임의 리더를 맡게 됐는데, 평소 책 읽기를 좋아하는 네가 함께하면 좋겠다.'

마침 국제정치에 편중된 책 읽기와 공문서 스타일의 딱딱한 글쓰기에 답답함을 느끼고 있던 터라 흔쾌히 동참 의사를 밝혔다.

그러자 윤성원은 링크를 하나 보냈다.

클릭하니 비용 결제 창으로 이어졌다.

초빙인 줄 알았는데 영업이었던 것이다.

공무원 월급에 적지 않은 액수였다. 계산기를 두드려봤다. 등가교환의 원칙을 적용했다.

곱창과 소주의 환상적 앙상블을 소비하는 소중한 월례 행사를 포기하면 될지어다.

독서 모임을 한다고 하자 주변 사람들은 나를 마치 '나는 솔로'에 나가는 사람인 양 대했다.

물론 독서가 주된 목적이었다. 그래도 혹시나 하는 설렘을 갖고 첫 모임에서 주변을 둘러봤다. 오로지 독서와 토론에 집중할 수 있으리라 확신했다.

멤버 구성 측면의 장점은 다양성이었다.

스타트업 창업자, 마케팅 담당자, 영상 프로듀서, 인사팀 매니저, 바리스타, 아이스크림 가게 아저씨 등등. 직업 박람회를 방불케 했다.

개성도 각양각색이었다. 시끄러우면서 특이한 사람. 조용하면서 별난 사람. 그냥 이상한 사람. 모두 섞여 있었다.

그만큼 다채로운 생각들을 접할 수 있었다.

예컨대, 사회과학도인 나는 '위대함'이라고 했을 때 당연히 정치적 위대함을 먼저 떠올렸다. 국가 발전을 위해 자기희생을 실천할 수 있는 사람이 위대했다.

예술 분야 종사자는 '위대함'을 최고의 미학적 경지에 오르기 위해 자기 한계를 넘어서는 것으로 봤다. 하나의 대상을 여러 관점에서 생각해 볼 수 있는 기회는 오랜만이었다.

이 책에는 독서 모임을 하며 얻은 소소하지만 소중한 감상이 가득하다.

읽다 보면 공감으로 무릎을 탁! 치는 때도 있을 것이고,

깨달음으로 이마를 팍! 치는 때도 있을 것이다.

홀로 책을 읽고 글을 쓰는데 익숙한 사람이라면 이 책을 통해 같이하는 책 읽기와 글쓰기의 즐거움을 간접 체험해 보기 바란다. 물론 실제 독서 모임에 참가하는 용기로 이어지면 더할 나위 없이 좋겠다.

마지막으로 인공지능(AI) 시대의 책 읽기와 글쓰기의 의미에 대해서 이야기하고 싶다. 최근 ChatGPT 등 거대언어모델(LLM) AI 서비스가 보여주는 능력은 경이로운 수준이다. 길고 복잡한 글도 순식간에 뚝딱 요점을 정리해 준다. 나도 일하면서 제법 분량이 되는 문서는 일단 ChatGPT에 요약을 시킨다.

그러다 소스라치게 놀란다.

행간에 숨겨진 의미를 발견하는 기쁨.

난해한 글을 마침내 이해했을 때의 뿌듯함.

단어를 끼우고 문장을 주물러서 그럴듯한 글을 완성했을 때의 보람.

그 경험의 빈도는 줄어들고, 감정의 강도는 약해졌다.

어쩌면 AI 시대는 사피엔스의 텍스트 기반 언어 활동이 점차 사라지는 상실의 시대일지도 모르겠다. 아주 먼 훗날 사피엔스의 읽기와 쓰기가 사라진 사회가 오면, 이 책은 독서, 작문, 토론이 사피엔스의 지성과 감성의 성장에 얼마나 큰 영향을 주었는지를 실증하는 하나의 고고학적 기록이 되지 않을까?

AI를 사용하지 말자는 것이 아니다.

우리의 읽고 쓰는 노력이 계속되어야 한다는 말을 하고 싶을 뿐이다.

기계 학습 시대에도 인간 학습은 여전히 중요하다.

이런 측면에서 이 책의 미덕이 한 가지 더 드러난다. "독서는 결과로 얻게 되는 지식보다 과정을 통해 우리에게 더 많은 배움과 즐거움을 가져다준다"는 진부한 교훈을 일깨워 준다.

자. 이제 당신은 기왕 추천사도 읽었으니 책을 구매해서 빨리 읽어 버리자. 그리고 중고 책방에 얼른 팔아서 곱창과 소주 먹는데 보태자.

2025년 6월
콜롬비아 보고타에서

누구라도 부러워할 만한 사람들의 이야기

윤수영 | 독서모임 커뮤니티 트레바리 대표

처음에 성원을 트레바리 클럽장으로 섭외할 때만 해도, 이 정도로 '위대한' 일이 벌어질 거라고는 전혀 상상하지 못했다. 평소 성원의 문제의식이 귀하다고 느꼈고, 트레바리 멤버들에게 그의 시선을 함께 하는 경험을 선물할 수 있다면 뜻깊겠다는 생각 정도였다.

내가 이래서 인생을 사랑하고, 사업을 좋아한다. 우연이 사건·사고로 이어져 고난으로 돌아올 때도 있지만, 때로는 이렇게 기적으로 이어져 감사함으로 돌아올 때도 있기 때문이다.

어쩌다 이런 기적이 일어났을까. 아마도 성원 덕분일 것이다. 성원 특유의 고유한 무언가가 특별한 공감대를 만들었을 것이다. 그의 곁에 있으면 무언가 특별한 시간을 보내고 있는 것 같은 느낌이 든다. 불씨를 만들 수 있는 사람은 흔치 않다.

아마도 하은 덕분일 것이다. 하은이 있는 곳에는 언제나 친밀함이 넘쳐난다. 따뜻함도 넘쳐난다. 다정함과 유쾌함도 넘쳐난다. 복도에서 우연히 마주쳐 고작 5분여 정도 수다 떨었을 뿐인데도, 이상하게 하루 종일 기분이 좋았던 어느 날을 여전히 생생히 기억한다. 불씨를 지킬 수 있는 사람도 흔치 않다.

수지, 지수, 인희, 승호 덕분이기도 할 것이다. 남훈, 소현, 연하, 재영, 동현, 하형, 동희도 마찬가지다. 불씨를 키우는 것은 모두의 몫이기 때문이다. 나는 여럿의 으쌰으

쌰 없이 타오르는 불길을 알지 못한다. 남훈이 조금만 덜 다정했더라면, 연하가 조금만 덜 배려했더라면, 재영의 주관이 조금만 덜 뚜렷했거나 조금만 더 완고했더라면, 기적은 간발의 차이로 우리를 비껴나갔을지도 모른다.

책을 읽는 내내 너무너무 부러웠다. 이렇게 아름답고 위대한 커뮤니티를 만들고 즐기는 사람들이 부러웠다. 이렇게 아름답고 위대한 글을 써낸 사람들이 부러웠다. 그렇지만 질투가 나지는 않았다. 질투가 나진 않지만 부러운 사람이 된다는 건 참 어려운 일이다. 우리가 위대하다고 한 사람들은 보통 그랬던 것 같다. 그러니까 [월간 위대함] 사람들은 내게 위대한 사람들인 게 맞다.

들어가며

-독서 모임의 시작 '위대함'을 찾아서

이 책은 독서 모임 '월간 위대함'에서 어느 날 툭 던진 말 한마디로 시작됐다.

"나도 책 한 권 만들어보고 싶어."

그냥 흘려보낼 수도 있었던 말이었지만, 그 말을 네 명이 놓치지 않았고, 그렇게 우리는 다섯 명이 함께 이 책을 쓰게 되었다.

2023년 4월부터 우리는 '위대함'이라는 주제로 책을 읽고, 한 달에 한 번씩 모여 위대함을 탐구하고 있다. 이름하여 '월간 위대함'.

함께 책을 쓰는 건 처음부터 쉽지 않았다. 다섯 명 모두 책을 쓰고 싶다는 마음은 같았지만, 하고 싶은 건 제각각이었다. 누군가는 각자의 책을 따로 쓰고 싶어 했고, 누군가는 다 함께 한 권을 만들자고 했다. 결국, 우리의 공통점인 '위대함'에 대한 '책'을 함께 써보기로 한 뒤에도, 각자 전하고 싶은 위대함은 달랐다. 누군가는 에세이를 쓰고 싶었고, 누군가는 인터뷰를 하고 싶었다.

그래서 우리는 굳이 맞추지 않기로 했다. 하나로 합의하기보다 각자의 다름을 그대로 모아두기로 했다. 그게 가장 우리답다고 생각했기 때문이다.

수지, 하은, 지수, 인희의 에세이에는 독서 모임 월간 위대함 속에서 느낀 생각과 변화, 그리고 각자의 방식으로 찾아낸 위대함이 담겨있다. 각자의 글 한 편 한 편은 '왜 독서 모임을 하는지'에 대한 가장 솔직한 고백이다. 승호는 '좋은 공동체는 어떻게 만들까?'라는 질문을 품고, 좋은 공동체를 만든 사람들을 찾아가 인터뷰했다. 그들의 이야기를 통해 독서 모임이라는 공동체가 어떻게 깊은 연결과 지속성을 만들어 낼 수 있는지 함께 고민해 볼 수 있었다. 지수는 월간 위대함 멤버들을 인터뷰했다. 어떤 사람들이 왜 독서 모임을 시작했고, 그 안에서 무엇을 느꼈는지 직접 듣는 과정 속에서 그동안 미처 몰랐던 각자의 위대함을 조심스레 끄집어냈다.

그렇게 탄생한 이 책에는 우리가 왜 이토록 독서 모임을 좋아하게 되었는지, 무엇을 발견했고 어떤 위대함을 만났는지가 솔직하게 담겨있다.

이 책이 어떤 모임이든 시작을 고민 중인 이들에게는 응원을, 이미 비슷한 여정을 걷고 있는 이들에게는 공감을 전할 수 있으면 좋겠다. 언젠가 당신만의 월간 위대함을 만들어가며, 당신만의 위대함을 발견할 수 있기를 진심으로 바란다.

1장

위대함을 찾아 모인 사람들

수지, 하은, 지수, 인희

위대한 것을 이루기 위해서는

우리는 먼저 시작해야 한다.

- 조지 워싱턴 -

수지

위대한 것들

그날도 평소처럼 인스타그램 피드를 보고 있었다. 화려한 사진과 영상 게시글 속, 길게 쓴 성원[1]의 글이 눈에 들어왔다. 유튜브로 우연히 알게 된 뒤 일종의 팬심으로 팔로우를 하고 있던 성원이 '트레바리'에서 독서 모임을 만들게 되었다는 내용이었다. 원래도 독서 모임에 관심이 있었지만 여러 이유로 매번 미루고 있었는데, 마침 여유가 생긴 시기라 이건 운명일지도 모른다는 생각에 홀린 듯 링크를 눌렀다.

---

1) 스튜디오 솔파 대표이자 '위대한 것들' 모임을 만든 클럽장.

클럽 소개

클럽 소개 위대한 것들: 도파민 중독 사회에서 위대함을 느껴보는 시간

"난 뭔가를 잃어버렸다. 그게 뭔지는 잘 모르겠지만"

'쇼츠와 릴스…… 등 각종 영상, 활자 등 정보들을 끊임없이 소비하며 사는 나, 유튜브는 2배속으로 보는 나' 놀랍게도 모두 저의 이야기입니다. 여러분은 어떤가요? 저는 영상을 제작하는 PD로 살다 보니 강박적으로 새로운 정보를 받아들이려는 경향이 있습니다.

요즘 제가 느끼는 것은 어느 때보다 보는 것은 많아졌지만, 내가 뭘 봤는지 모를 때가 허다하다는 겁니다. 웬만한 콘텐츠에는 별 감흥을 느끼지 못하는 저를 발견하기도 하고요. 종종 내가 뭘 하고 사는 건지, 스스로가 증발해 버

리는 느낌을 받으며 회의감을 느낄 때도 많습니다.

예전에는 내 삶에 영향을 주는 위대한 창작물과 인물이 많았습니다. 그들로부터 받은 영감은 오랫동안 저에게 남아 제가 추구하는 정서가 되었고요. 이러한 과정을 겪으면서 적어도 예전에 받은 영감들을 되찾기 위해서는 뇌가 오랜 시간 곱씹는 행위를 해야 한다는 것을 알았습니다.

어쩌면 같은 고민을 하고 있을 여러분과 함께 [위대한 것들] 클럽에서 독서를 통한 사유의 시간을 늘리고 싶습니다. 늘어난 사유 속, 세상의 위대한 것들을 음미해 보는 시간을 가져봅시다. 각자가 감명받을 수 있는 위대함을 찾아보면서요!

'쇼츠와 릴스…… 등 각종 영상, 활자 등 정보들을 끊임없이 소비하며 사는 나, 유튜브는 2배속으로 보는 나'

첫 줄부터 나를 묘사하고 있는 이 소개글을 읽는 순간, 이건 운명이 맞다는 생각이 들었다. 어느 순간부터 쏟아지는 정보를 소비하느라 정작 아무것도 소화하지 못하고 있다는 생각이 들어, 새로운 정보를 줄이기 위해 노력하고 있던 참이었다. 물론 이 클럽을 알게 된 것은 도파민의 상징인 인스타그램이었으며, 성원을 팔로워 하게 된 것도 유튜브의 알고리즘이 이끌어 준 결과이긴 했지만. 드디어 도파민 중독에서 벗어날 수 있는 기회를 마주한 것 같다는 생각에 새로운 도파민이 샘솟았다.

성원은 클럽 이름에 걸맞게 어린이 도서인 《세계를 빛낸 50명의 위인들》을 첫 번째 책으로 선정했고, 설레는 마음으로 첫 모임에 참석했다. 미리 도착하면 누군가 말을 걸어주지 않을까 했던 기대와 달리, 모임 장소는 어색한 기운으로 가득했고 나는 그저 조용히 모임 시간이 되기만을 기다렸다. 간단한 자기소개와 함께 모임이 시작되었고, 왜 이 모임에 오게 되었는지부터 이야기를 나눴다. 삶에 변화가 필요해서, 책을 적게 읽는 사람을 환영한다는 말에 안심되어서 온 멤버들도 있었지만, 대부분은 예상대로 성원의 영상을 좋아해서 성원이 올린 글을 보고 왔다고 했다. 내가 성원이라면 얼마나 부담스러울까 하는 생각이 스칠 때쯤, 드디어 책에 대한 이야기가 시작되었다.

어색함과 설렘이 뒤섞인 분위기 속, 첫 질문은 '나는 얼마나 도파민 중독인가?'였다. 첫 모임답게 아무도 선뜻 대답을 하지 않아서 결국 한 명씩 돌아가면서 각자 자기가 얼마나 도파민에 빠져있는지 수줍게 고백했다. (마치 영화 속에서만 보던 중독 치료 모임 같기도 했다.) 도파민 중독에 대한 공감이 이어지자, 다들 도파민이 솟아났는지, 아니면 나만 이렇게 사는 게 아니라는 안도감 덕에 긴장이 풀렸는지, 조금씩 서로에게 질문을 던지기 시작했다. 도파민이 반드시 나쁜 건 아니지 않느냐는 근본적인 질문까지 나올 때쯤 우리는 다음 질문으로 넘어가기로 했다.

'과거 나를 감동시킨 위대함은 무엇인가?' 이어진 질문은 드디어 위대함에 대한 질문이었다. 친절함, 나다움, 사랑, 진심부터 스마트폰, 뉴진스의 'Attention' 뮤직비디오 등 정말 다양한 답이 쏟아졌다. 책에 등장하는 위인 중 누구의 삶을 살아보고 싶은지, 혹은 살고 싶지 않은지를 묻는 다음 질문에도 책의 모든 인물이 거의 언급될 정도로 모두 다른 관점을 갖고 있었다. 심지어 '타인으로는 살고 싶지 않다'는 책 바깥의 선택지를 고르는 사람도 있었다.

그렇게 처음 만난 자리에서 위대함에 대해 열심히 이야기를 이어가던 중, 누군가 근본적인 질문을 던졌다. "근데 위대함이 뭐예요?" … 갑자기 찾아온 침묵 뒤에 위대함을 정의하는 여러 의견이 나왔지만, 모임이 끝날 때까지 아무도 이 질문에 대한 답은 찾지 못했다. 결국 앞으로 위대함이 뭔지 함께 알아가 보자는 살짝 찜찜한 답으로 첫 모임이 마무리되었다. 위대함을 느끼고 싶어 모였지만, 정작 위대함이 무엇인지 정의하지 못한 사람들만 모인 '위대한 것들'은 그렇게 시작되었다.

인희

우리가 읽은 것들

첫 모임에서 우리가 읽은 책은 《세계를 빛낸 50명의 위인들》이라는 어린이 도서였다. 현재 우리가 '위인'으로 인정하는 50명의 사람들의 삶을 2-4 문장의 짧은 설명과 함께 소개하는 책이었는데, 그 분야와 시대, 출신지도 방대해 쑨원과 오드리 헵번, 페스탈로치와 칭기즈칸, 빌 게이츠와 말랄라를 한 책에서 만날 수 있었다. 그림의 비중과 폰트 사이즈로 미루어봤을 때 이제 막 한글을 뗀 시점에 권장될 법한 책이었는데, 과연 평소의 나라면 절대 구매하지 않았을 책이고, 그런 책을 읽게 되는 것이 독서 모임의 즐거움이라고 한다지만······. 확실히 독서 모임을 가입하며 내가 예측했던 범위는 아찔하게 뛰어넘는 책 선정이었다.

해당 책이 처음 제시 되었을 땐 조금 당황했지만, 막상 책을 사서 읽다 보니 더욱 당황스러웠다. 우선 책에서 설명하는 데일 카네기는 철강 수요를 예측하고 사업을 시작해 돈을 많이 벌었고 그 재산을 사회에 환원하여 위대한 사람이다. 테레사는 인도의 가난한 아이들을 돌보며 상도 받고 죽을 때 많은 사람들이 슬퍼해 위대하고, 톨스토이는 귀족이지만 농민의 삶에 관심을 갖고 러시아 최고 문학을 써내 위대하다.

이 간결하고 명쾌한 설명들은 어딘가 부족하고 빈약해 보이지만, 그만큼 힘이 있어 보였다. 내가 이 책의 타깃층이던 시절엔 보이지 않던 말랄라의 타이틀은 '용감한 소녀'인데, 그녀의 업적은 날레반에 맞서 인디넷에 여성의 교육권을 주장하는 글을 쓴 것이고, 그 결과로 그녀는 총격을 당했지만 꺾이지 않는 의지를 보여주었다고 한다. 이 행위가 위대한 근거는 최연소 노벨 평화상 수상이라고 하는데······. 정말 위대한 소녀 아닌가? 일단 나는 정말이지 그녀의 삶을 감당할 자신이 없다.

배경, 원인, 동기, 과정, 여담 등의 디테일이 모두 사라지고, 오롯이 성과와 그 근거만이 남아 일종의 종교적 교리와 같이 전달되는 이 설명들은 우리 사회가 위대하다고 평가하는 가치들을 명쾌하게 제시한다. 사실 이러한 점은 인물 선정에서부터 드러난다. 우리 사회는 돈 많이 벌고 상 받고 후대에 남는 작품을 남기는 삶, 가진 것을 나누거나 헌신하여 종래에는 다수에게 영향력을 투사하는 삶을 위대하다고 생각한다. 공부와 교육은 위대함의 핵심 가치지만 예체능에선 아닐 수 있으며, 어찌 되었든 입신양명하여 국위선양에 이바지한다면 좋은 삶이다. 다만, 수신제가는 이제 그다지 중요하지 않은 가치가 되어버린 듯하다. 실제 '좋은 어머니' 신사임당이 5만 원권 모델 자리를 차지한 사건은 갈수록 더욱 논쟁적인 주제가 되어가는 듯한데, 역시 물질적 풍요를 인생의 가장 중요한 가치로 꼽는 전 세계 유일의 나라답다.

당장 나 역시 예전과 달리 지금은 신사임당보다는 허난설헌의 이야기를 더 좋아한다. 그리고 바로 이 지점에서 내가 이 책을 흥미롭게 읽은 두 번째 이유가 드러난다. 나 역시 어린 시절 여러 위인들의 이야기를 들으며 자라났다. 그 당시 내가 접한 위인들은 하나같이 자신이 목표한 바를 위해 힘써

종래에는 사회를 변화시키거나 뜻하던 바를 이뤄낸 뛰어난 인물들이었다. 신사임당 역시 마찬가지이다. 그녀는 그녀 스스로가 뛰어난 문인이자 화가였을 뿐 아니라 율곡이이의 어머니로서 훌륭한 생을 살아간 인물로 동요 '한국을 빛낸 100명의 위인들'에도 소개된다. 어린 나에겐 그저 대단한 인물이었던 신사임당 선생님의 이야기에 지금의 내가 그다지 매력을 느끼지 못하는 이유는, 그녀의 이야기엔 어떠한 역경이 없어 보이기 때문이다.

이에 반해 막연하기만 했던 미래를 하나둘 현실에서 마주한 후에 다시 접한 허난설헌의 이야기는 꽤나 복잡한 감정을 야기한다. 뛰어난 문인이었음에도 시대적 한계에 부딪혀 인정받지 못한, 그래서 '못다 핀 꽃'이라는 설명이 너무나도 잘 어울리는 그녀의 다소 비극적인 삶은 도파민 과잉 시대 속에서 만난 웬만한 드라마, 내지 영화 속 캐릭터들의 삶 이상으로 울림이 있었다. 동시에 만약 조선이라는 억압적인 사회적 배경이 없었더라면, 그녀의 이야기가 이 정도의 울림을 야기할 수 있었을지 궁금증을 야기한다.

이와 같이 신사임당과 허난설헌 두 인물에 대한 어린 시절의 나와 현재 나의 평가 사이의 간극을 통해 나는 그동안 내가 자라났음을 실감한다. 마찬가지로《세계를 빛낸 50명의 위인들》을 읽으며 나는 그동안 내가 겪어온 현실들을 마주할 수 있었다. 이렇게 각자의 방식으로 이 책을 읽은 20명가량의 청년들은, 첫 모임 날 각자의 7세 시절 서로 다른 위치에서 학습했던 '위대함'과 성인이 되는 과정에서 마주한 현실이 화해한 결과를 나누는 시간을 가졌다. 그리고 이 과정에서 《세계를 빛낸 50인의 위인들》이 예상외로 매우 논쟁적인 책이었다는 점이 드러났다.

서로가 추구하는 위대함은 무엇인지, 그 위대함은 책에 제시된 사람의 삶 중 어떤 사람의 삶으로 표상될 수 있을지, 그리고 만약 내가 다시 태어난다면 되고 싶은 위인은 누군지 등을 주제로 열띤 토론이 진행되며 다양한 관점과 경험이 교차했으며, 그 과정에서 효율적이고 창의적인 문제 해결 능력으로 자신이 속한 집단을 다른 차원으로 도약시켜 낸 리더들부터 평범한 일상 속 마주치는 선한 영향력을 가진 인물들(예컨대 친절한 인사로 나의 하루를 행복하게 만들어주는 택시 아저씨)까지 정말 다양한 종류의 삶들이 위대함의 모델로 제시되었다.

또한 요절한 천재의 삶과 사후 유명세를 날리는 삶, 결핍이 이끈 삶과 풍요 속의 헌신 등 우열을 구분할 수 없는 영웅적 삶들이 나의 '실천 가능성', '욕망'을 기준으로 평가되었고, 이를 바탕으로 현재 우리 시대 새로운 영웅 내지 위대한 걸작의 출현 가능성에 대해 논의했다. 이 이후 진행된 모임들에서 우리가 읽은 책들을 돌아보면《세계를 빛낸 50인의 위인들》은 매우 이례적인 선택이었다고 볼 수 있다. 일단 성원과 함께 읽은 책들만 생각해 보더라도 이종호《파블로 피카소》, 수 프리도《니체의 삶》, 사카모토 류이치《나는 앞으로 몇 번의 보름달을 볼 수 있을까》 등 여전히 내가 고를 것 같진 않지만 충분히 예측 범위 내에는 존재하는 책들이었고, 이 이후엔《달과 6펜스》,《일론 머스크》,《영화를 찍으며 생각한 것》,《기후 책》,《에로스의 종말》, 가장 최근이《달리기를 말할 때 내가 하고 싶은 이야기》 등 그 범위가 폭발적으로 확장되었기 때문이다. 이를 간단히 유목화 해 보자면 다음과 같다.

- **위대한 사람에 대한 책** (aka. 위인전): 이종호《피카소》, 수 프리도《니체의 삶》, 월터 아이작슨《일론 머스크》, 월터 아이작슨《스

티브 잡스》, 카이 버드& 마틴 서윈《아메리칸 프로메테우스》, 고미숙《청년 붓다》

- **위대한 사람이 쓴 책**: 아르투어 쇼펜하우어《쇼펜하우어의 행복론과 인생론》, 한병철《에로스의 종말》, 사카모토 류이치《나는 앞으로 몇 번의 보름달을 볼 수 있을까》, 알랭 드 보통《뉴스의 시대》, 그레타 툰베리《기후 책》, 무라카미 하루키《달리기를 말할 때 내가 하고 싶은 이야기》, 고레에다 히로카즈《영화를 찍으며 생각한 것》

- **위대한 책** (aka. 명작): 서머싯 몸《달과 6펜스》, 한강《소년이 온다》, 니콜로 마키아벨리《군주론》, M.T. 앤더슨《죽은 자들의 도시를 위한 교향곡》, 양귀자《모순》, 레이 브레드버리《화씨 451》, 유발 하라리《사피엔스》

그럼에도 내가《세계를 빛낸 50명의 위인들》이 중요하다고 생각하는 이유는 이 책이 앞으로 우리 모임의 방향성과 토론 분위기, 그리고 읽게 될 책들 전반에 대한 예고적이고 선언적으로 제시되었다고 생각하기 때문이다. 앞서 언급했듯 우리 모임은 성원의 영향력을 중심으로 시작되었고, 이런 자리에서의 토론은 성원의 의견과 인사이트를 중심으로 흘러가게 된다. 만약 첫 책으로 《파블로 피카소》가 제시되었다면, 나 역시 피카소에 대한 내 생각을 보다 적극적으로 이야기하기보다는 성원이 가진 견해나 주목하는 업적들에 집중하게 되었을 것 같다. 그러나 《세계를 빛낸 50명의 위인들》이 읽을 것으로 제시된 덕분에 우리는 모두 각자 본연의 목소리를 낼 수 있었고, 이러한 분위기는 이후 모임들까지도 이어졌으며, 이는 클럽장 없이 돌아가며 발제를 맡아 진행하는 지금까지도 유효하다.

이처럼 우리 모임은 위대한 인물들과 그들이 만들어낸 것들만큼 서로의 일상과 각자의 이야기들에 관심이 많다. 우리는 위대한 인물들의 행적만큼이나 서로의 경험들에 관심이 많으며, 내가 할 수 없는 상대의 판단들과 나와 다른 견해들 속에서 위대함을 느낀다. 이와 같은 분위기는 어쩌면 허상에 가까운 셀럽들이 진짜 영웅들을 대체하고, 어쩌면 진짜 영웅들도 허상에 불과했음을 주장하는 이 시대에 셀럽에 오른 자의 고민 그 자체에 동참하며 자연스레 얻어진 것이 아닐까 싶다.

지수

독후감을 쓴다는 것

 한 달에 한 번 진행하는 월간 위대함 독서 모임에 참여하기 위해서는 반드시 거쳐야 할 관문이 있다. 바로, 모임일 이틀 전까지 독후감 올리기. 성인이 되고 나서 독후감을 쓴다는 건 쉽지 않은 일이다. 현생에 치이고 치인 사회인에게 책을 읽고 글을 쓰는 여유란 갖기 힘든 것이 현실이니까.

 독후감을 쓰려면 우선 마감 최소 몇 시간 전까지는 완독해야 한다. 그 후, 책에서 가장 감명 깊었던 부분이 무엇이었는지, 이 책을 읽고 내가 무슨 생각을 했는지 정리하고, 떠다니는 내용에 적확한 낱말을 붙여 글로 짜내야 한다. 게다가 마감이 있다 보니 빠듯하게 시간을 남기고 시작하면 무척 아쉬운 글이 되는데, 그래서 나 같은 사람(좋은 글을 쓰고 싶은 욕심이 있는 사람)은 두고두고 후회하는 경우가 생긴다. 또 반대로, 책을 읽고 '뭐, 어쩌라는 거지?' 싶은 생각이 드는 멤버에게는 400자 채우기가 곤욕이 되기도 한다.

독후감의 효능

그러나 '독후감을 쓴다는 것'. 이런 여러 가지 애로사항에도 불구하고, 매우 의미 있고 가치 있는 일이다. 두 해가량 한 달에 한 번은 꼭 독후감을 써 온 사람으로서, 이 글에서 여러분에게 (오래된 낙지볶음 맛집에 가면 붙어있는 '낙지의 효능' 간판처럼) '독후감의 효능'을 설파하고자 한다.

독후감 작성 및 공유의 효능

첫째, 독후감을 쓰면 책 내용을 오래도록 기억할 수 있다.

이 무슨 뻔한 이야기냐고? 그러나 만약 당신이 애독가나 다독가, 혹은 장서가라면, 그럼에도 빼곡히 쌓인 책장에서 읽은 책을 모조리 잡아도 내용을 줄줄 읊을 수 있는 게 열 손

가락을 채 채우지 못한다면, 아마 이 효능에 가장 주목할 것이다. 어딘가에 새기지 않은 생각은 세상에서 가장 휘발되기 쉬운 성질을 가지고 있다. 책을 읽고, 내용을 마음속으로 곱씹어 음미하고, 둥둥 떠다니는 상념을 포획해 문장으로 가공하는 과정을 거친 독서와, 단순히 글자를 읽고 덮은 뒤 책장에 넣은 독서는 결코 같은 '책 읽기'가 될 수 없다. 전자, 그러니까 내 삶과 이어서 글을 쓴 책은 더 이상 종이 위의 글자로만 존재하지 않는다. 그러나 후자는 너무도 쉽게 사라질 뿐이다.

둘째, 타인의 글을 보는 재미가 있다.

이 효능은 월간 위대함 독서 모임에서 독후감을 공유하기에 가능한 일이다. 학창 시절에 독후감을 적었던 사람이라도 다른 사람의 글을 이렇게 많이 볼 기회는 좀처럼 주어지지 않았을 테니까. 동일한 주제로 열댓 명의 사람들이 적는 글을 차례로 읽는 것은 상상 그 이상으로—적어도 숏폼보다—재미있다. 같은 책을 읽어도 극단적으로 다른 생각을 하는 사람들이 있고, 그 사이에 걸쳐 있는 사람들이 있고, 아예 그 선 위에 있기를 거부하는 사람들이 있다. 그래서 멤버들의 독후감을 한차례 읽고 나면 하나의 세계가 생긴다. 특정

한 주제로 다양한 이해관계와 생각이 얽혀있는 작은 버전의 사회를 보는 것 같달까. 게다가 글을 반드시 써야 하기 때문에, 토론에서 말수가 적은 멤버들의 의견 역시 깊이 알 수 있게 된다. 각자의 다채로운 견해를 담아 쓴 독후감은 마치 한 권의 책을 여러 번 읽는 것처럼 독서에 깊이를 더해주고, 평소에는 만나기 힘든 다른 생각들을 이어주기도 한다.

독후감을 대하는 멤버들의 자세

사실 이 책의 여러 챕터에서 간접적으로 멤버들의 독후감을 확인할 수 있다. 특히 이후에 나올 <멤버들의 연애관>에서는 멤버들이 기존에 작성한 독후감을 기반으로 그들의 가치관을 소개한다. 그로부터 확인할 수 있는 멤버들의 다양한 의견만큼이나, 그리고 각자의 개성만큼이나 월간 위대한 멤버들의 독후감 작성에는 다양한 유형이 있다. (세 살 버릇 여든까지 간다던데, 멤버들은 세 살에도 열세 살에도 독후감을 적을 때 이러했을까?)

첫째, 59형. 23시 59분에 글을 제출하는 유형. 주로 시작이 제일 무서운 이들이 많으며, 월간 위대함 멤버들 대부분이 이 유형에 해당한다. 이들은 마감 1분 전에 글을 제출하는 자신을 보며, 개학 전 날 몰아서 독후감을 쓰던 게 '어려서'가 아니었다는 걸 깨닫게 된다. 이들 때문에 23시 58분까지 독후감이 몇 개 올라오지 않아, 파트너[2]인 하은이 애를 먹기도. 59형에 속하는 멤버들이 활용하는 전략은 '벼락치기'. 잘만 활용하면 빠른 시간 내에 효율을 낼 수 있지만, 타이밍을 잘못 맞추면 독서 모임 참석이 아예 불가능할 수도 있다.

둘째, 미리형. 모임 최소 며칠 전까지는 완독 후 독후감을 미리 올리는 유형으로, 1번 유형과 대척점에 있다. 주위대함 멤버들의 독후감 작성에는 여러 유형이 있다. 세 살 버릇 여든까지 간다고 하던데, 멤버들은 세 살에도 열세 로 수지가 해당한다. 수지의 경우 책을 읽는 속도가 느려, 미리 읽어 두고자 일찍 독서를 시작하기에 가능하다고 한다. 가끔 파트너 하은이 '독후감 선착순 N명 선물 증정'이라는 비장의 카드를 꺼내 들면 선물을 노리는 하이에나들이 이 유형으로 진입하기도 한다.

셋째, 공사형. 1번 유형과 흡사하나, 차이점은 바로 '독후

---

[2] 독서모임의 진행, 운영, 멤버 관리를 담당하는 역할.

감 완성 여부'. 1번 유형의 사람들이 23시 59분까지 독후감을 완성해서 제출한다면, 공사형 멤버들은 일단 글자 수만 맞춰 아무 내용이나 업로드한 후, 트레바리 측에서 독후감을 검사하기 전까지의 시간을 백분 활용해 독후감을 수정한다. 아무 말 대잔치의 내용을 갈아엎는 것이 '공사'와 흡사한 데에서 이름이 유래되었다. 과거에는 월간 위대함 멤버 중 다수가 이에 해당했으나, 트레바리 정책이 변경되어(모임 시작 전까지 수정 불가) 이 유형은 역사(?)의 뒤안길로 사라졌다. 공사형 멤버들은 정책 변경 이후 1번 유형으로 대거 진입하였다.

마지막, 얼음공주형. 차갑디차가운 문장이 빼곡히 들어선 독후감이다.

이 책은 읽으면 읽을수록 읽고 싶지 않았고 읽는 과정에서 조금도 내 마음을 동하게 하지 못했다. 책의 마지막 장에 도달했을 때에도 작은 성취감조차 못 느꼈다. -《에로스의 종말》멤버 A 독후감 中

영화 '돈 룩 업'이 보여주듯, 대중이 이런 문제에 관심을 갖는 건 기대하기 어렵다. 나는 자연의 섭리처럼 대중은 무관심하고 대부분은 실천하지 않을 거라고 본다. 무력감을 느끼지만 그게 인간이고 현실이다. 이 책에서 25%의 헌신적인 사람들이 세상을 바꿀 수 있다고 주장하지만 과연 그럴까 싶다. 차라리 소수의 1% 천재들을 지원하고 자본을 투입하거나, 자본의 논리로 문제를 해결하게 하는 게 더 현실적인 방법일지도 모른다. -《기후 책》멤버 B 독후감 中

여기서 중요한 포인트는 '따뜻함'이 없거나 극히 적어야 한다는 것! 주로 MBTI가 T인 멤버들이 이에 해당한다. 이들은 본인의 기준으로 등장인물 혹은 내용을 파악하고, 이해되지 않는 지점을 가차 없이 팩폭한다. 처음엔 '와, 저자 우는 거 아니야?'라는 걱정이 들지만, 읽다 보면 또 틀린 말은 없는 것이 특징.

독후감이 이어주는 과거와 현재의 나

앞서 독후감의 효능에 대해 이야기하며, 독후감은 타인과 나를 이어준다고 말했다. 그런데 사실, 비기로 감춰두고 아직 말하지 않은 독후감의 진정한 효능이 있다. 바로, 독후감은 과거와 현재의 '나'를 이어준다는 것이다.

한 권의 책을 읽고도 생각이 다른 건 타인과 '나' 뿐만 아니라 과거의 '나'와 현재의 '나' 역시 마찬가지이다. 꼬박 쌓아놓은 독후감을 다시 꺼내보면 필연적으로 그 시절의 나를 되돌아보게 된다. 그때는 와닿지 않아 무심히 평했던 책의 구절에 지금은 마음이 절절해지기도 하고, 반대로 과거의 내가 느꼈던 감동에 지금의 내가 의문을 품기도 한다. 과거에는 이해하지 못했던 감정을 성숙해진 현재의 내가 이해하며 감격하기도 하고, 반대로 과거에는 받아들였던 것들을 편협해진 현재의 나는 받아들이지 못해 반성하기도 한다.

사람은 연속된 시간 위에 살지만 오랜 시간이 흐른 뒤에 스스로를 반추하면 몹시 낯선 이를 마주하는 듯한 기분이 들 때가 있다. 지난날 남겨놓은 생각의 축적물을 따라가다 보면 시간이 지나면서 변화한 내 생각이 무엇인지, 그때의 나와 지금의 나는 어떤 시선으로 세상을 바라보는지 알게 된다. 그리고 무엇보다 자신을 더 잘 헤아릴 수 있게 된다. 독후감은 책의 내용뿐만 아니라 독자의 심정까지 녹여내는 글이다. 그렇기에 내면의 단절된 시간 속에서 서로 다른 '나'를 이어주는 기록물이 되며, 이를 다시 읽는 과정은 잃어버린 과거의 나를 탐구하는 여정이자 잊고 있던 과거의 나와 나누는 대화가 된다.

여전히 월간 위대함에서 남겨야 할 독후감이 나를 기다리고 있다. 앞으로의 내가 무엇을 겪고 느낄지 알 수 없지만 내 성장의 자국이 그 글에 분명히 아로새겨져 있을 것이다. 책을 딛고 바라본 세상을 꾹꾹 눌러쓴, 미래의 내게 보내는 편지를 통해 지금의 나와 훗날의 내가 연결되어 있다.

한 편씩 차곡차곡 쌓일 이야기들이 오래도록 빛나는 나만의 연대기가 되기를 바라며.

수지

두려움이 앞섰던 두꺼운 책 읽기

692쪽. 《니체의 삶》은 무려 692쪽이었다. 이렇게 두꺼운 책을 내 손으로 사 본 것도 처음인데, 심지어 그 주인공이 니체라니……. 철학과도 거리가 멀었던 나로서는 책을 읽기 전 실렘보단 두려움이 앞섰다.

하지만 결과적으로 나는 이 책을 통해 두꺼운 책의 매력을 알게 되었다. 정확히 말하면 두꺼운 '전기'의 매력을 알게 되었다. 책 자체가 재미있게 쓰이기도 했지만, 《니체의 삶》이 한 사람의 일생을 기록한 전기이기 때문에 두꺼운 책의 매력이 잘 드러났다고 생각한다.

책의 두께만큼 삶이 세세하게 담겨있어 초반에는 집중력이 떨어지기도 하지만, 조금 버티고 나면 인물에 대한 이해가 차곡차곡 쌓여 니체라는 인물에 깊이 이입하게 된다. 소설만큼 극적인 사건이 펼쳐지는 건 아니지만, 인생의 크고 작은 사건들을 따라가다 보면 소설 속 주인공처럼 느껴지기도 한다. 어쩌면 실화라서 더 몰입할 수 있었던 걸지도 모른다.

　그렇게 한 인물의 삶에 푹 빠져 책을 읽다 보면, 어느새 분량의 압박은 사라지고 순수한 즐거움만 남는다. 인물을 깊이 이해했기에 나와 다른 모습에도 공감할 수 있고 멀게만 느껴졌던 니체가 한층 가까워진다. 니체가 쓴 작품을 읽어본 적이 없어도 환희와 고통이 오가는 니체의 인생을 따라가며 자연스럽게 그의 철학을 이해할 수 있다. 유명한 작품이 탄생하는 순간에는 그 작품을 직접 읽지 않았음에도 감동을 느낄 수 있다. 니체가 어떤 경험을 거쳐 그 작품을 쓰게 되었는지를 알고 있기 때문이다.

　추상적이고 어렵게 느껴졌던 철학이 니체의 삶을 통해 실질적인 경험으로 다가오는 순간이었다. 이런 감각이야말로 내가 콘텐츠를 소비하는 진짜 이유였는데, 그동안 잊고 있었구나 싶었다. 효율적으로 정보를 얻은 것 같지만, 돌아보면 남은 게 없다는 생각이 드는 짧은 콘텐츠를 봤을 때와는 분명 달랐다.

그렇게 오랜만에 진정한 몰입을 경험한 뒤, 모임에 갔다. 책의 두께와 주제의 압박으로 인해 참석률이 저조할 것이라는 우려와 달리, 꽤 많은 멤버가 참석했다. 첫 질문은 '600쪽이 넘는 이 책을 읽는 데에 걸린 시간과 환경'이었다. 나의 경우, 책을 워낙 느리게 읽는 편이라 거의 한 달에 걸쳐 책을 읽었는데, 모임 직전에 책을 펼친 사람들은 하루에 6시간 넘게 읽어야 했다는 이야기가 많았다. 사람마다 차이는 있었지만, 적어도 8시간 이상을 하나의 책에 투자했다는 점은 모두 같았다.

바쁜 일상 속에서 두꺼운 책을 읽느라 다들 힘들었겠구나 싶었는데, 이이로 '책을 따라가며 때때로 현실과 괴리된 얘기로만 느껴졌던 니체 철학들에 대해 더 풍부하게 이해할 수 있었으며, 그것들이 사실 지독히 인간적이고 누구보다 현실적인 성찰들이었단 점을 깨달을 수 있었다', '제대로 니체의 삶을 다시 한번 탐독해 보고, 그의 철학도 제대로 알아보고 싶다는 마음이 생겼다' 등 온갖 긍정적인 후기가 쏟아졌다.

이 책을 통해 감동을 느낀 사람은 나뿐만이 아니었던 것이다. 마치 도파민 집단 치료의 현장에 온 기분이었다.

그렇게 우리는 《니체의 삶》을 통해 두꺼운 책에 대한 두려움을 함께 극복해 냈고, 오히려 그 매력에 푹 빠지게 되었다. 이후에도 1,056쪽의 《아메리칸 프로메테우스》, 760쪽의 《일론 머스크》, 648쪽의 《사피엔스》, 920쪽의 《스티브 잡스》 등 그동안 읽고 싶었지만 두꺼워서 엄두는 내지 못했던 책들을 함께 골라 읽었다. 물론 모든 책이 매력적이지는 않았지만, 앞으로 책을 선택함에 있어서 두꺼운 책을 과감히 고를 수 있는 용기를 얻은 것만큼은 확실하다. 그리고 이런 변화는 일상의 다른 부분에서도 힘이 되어줄 거라 생각한다.

영화와 드라마는 10분짜리 요약 영상으로 보고, 10분짜리 영상은 2배속으로 보며, 3초 안에 시선을 사로잡는 영상이 가득한 숏폼의 시대다. 하지만 이럴 때일수록 한 번쯤 두꺼운 책 한 권을 권하고 싶다. 특히 평소 관심 있던 인물의 전기라면 더 좋다. 분명 우리 모두가 느꼈던 그 감동과 작은 성취감을 느낄 수 있을 테니까.

하은

평어를 쓴다는 이유만으로

'엄마가 된 사람들이 이름을 잃어버리듯, 어린 시절부터 나는 내 이름을 잊은 채 오랫동안 누군가의 '누나'거나 '언니'였다. 남동생이 있어서인지 언니 오빠들보다 동생들이 더 편했고, 약속에만 늦는 게 아니라 대학 진학도, 취업 시작도 다른 사람보다 늦었기 때문이다. 이런 호칭이나 역할이 부담스럽다고 생각한 적은 없었지만, 나이와 호칭에서 벗어난 소통을 경험하고 나서야 내가 왜 유난히 동갑을 편하고 반갑게 느꼈는지 알게 되었다.

우리가 모인 트레바리라는 독서 모임에는 몇 가지 대화 수칙이 있는데, 그중 첫 번째가 '지위나 친분을 잊고 서로를

'님'이라고 부릅니다.'였다. 이 대화 수칙은 나에게 새로운 관계의 형태를 제시했다. 서로의 나이를 모른 채, 전통적이고 수직적인 유교 문화를 벗어나 모두가 같은 호칭으로 소통하는 것은 완전히 새로운 경험이었다. 이 환경 속에서 나는 내가 알지 못했던 역할에서 벗어난 해방감을 느꼈다. 나이와 상관없이 모두가 동등하게 대화에 참여하며, 나이를 몰라도 충분히 친구가 될 수 있는 관계가 편안하게 느껴졌고, 이런 교류가 너무나 좋았다.

월간 위대함은 트레바리 수칙에서 한 걸음 더 나아가, 모두가 같은 호칭을 사용하는 것을 넘어 평어를 쓰는 모임이다. 모임이 진행되고 세 번째 번개를 하기 전, 빠르게 친해지려면 반모(반말 모드)를 해보는 게 어떻겠냐는 번개추진위원 J의 제안이 있었다. 나는 그 제안을 반갑게 받으며, 반말 대신 평어를 사용해 보는 건 어떨까 제안했다. 그렇게 우리는 번개에서 처음으로 평어를 시도해 보았다. 평어는 친근하게 소통할 수 있다는 점은 반말과 같지만, '야', '너'와 같은 말을 쓰지 않고, 최소한의 존중을 지킨다는 점에서 반말과 차별화된다. 부드럽게 말을 놓을 수 있고, 존중을 지키면서도 거리감을 줄일 수 있다. 그날의 번개 이후 우리는 확실히 더 가까워졌고, 이후에도 평어 모드를 유지하기로 했다. 그래서 월간 위대함에서는 독서 토론 외의 번개나 뒤풀이 자리에서는 평어로 대화하는 것을 지향한다. 이 자리를 빌려 그때 반모 모드를 강력하게 추진했던 J에게 감사를 전한다.

한국의 뿌리 깊은 유교 문화 속에서 평어 사용은 여전히 쉽지 않은 도전이다. 지금도 일부 멤버들은 새로운 호칭 방식을 어려워하지만, 대부분은 이를 긍정적으로 받아들이며 나이나 지위와 상관없이 모두가 친구처럼 느끼게 된 것에 만족하고 있다. 나는 월간 위대함에서의 따뜻하고 친근한 관계가 평어 덕분이라고 확신한다. 누군가의 의견이 나이 때문에 덜 존중받거나 더 존중받지 않는, 이상적인 상황이 만들어질 수 있는 것은 평어의 공이 크다.

사람을 알아갈 때, 자기소개에서 '이름' 다음으로 가장 많이 묻는 것이 바로 '나이'일 것이다. 그만큼 한국 사회에서는 나이는 중요한 정보로 여겨진다. 그래서 연애 예능 프로그램에서는 출연자들의 '나이'를 가장 마지막에 공개하는 경우가 많다. 나이가 밝혀지면 자연스럽게 위계가 생겨버리는 것이 한국 사회의 현실이기 때문이다. 때문에 나는 월간 위대함 사람들에게 공식적으로는 서로 나이를 묻지 말아 달라고 부탁했다. (물론 완벽하게 지켜지지는 않았지만) 처음부터 나이를 알게 되면 위계가 생기고 평어를 사용하는 것이 어려워지기 때문이다. 나무꾼이 선녀와 함께 살기 위해 날개옷을 숨겼듯, 나도 친구들과 진정한 친구로 지내기 위해 내 나이를 숨기고 있다.

물론, 나이를 모른 채 관계를 유지하는 것은 시간이 지나면서 점점 어려워진다. 비록 정확한 나이 차이는 몰라도, 다양한 정보들이 합쳐지면서 누가 연장자인지가 자연스럽게 드러나기 때문이다. 나이를 알고 나면 평어를 유지하는 것이 쉽지 않지만, 나는 나이에 얽매이지 않고 진정한 친구 관계를 만들기 위해 계속해서 노력할 것이다.

가끔은 이런 생각들이 나 혼자만의 욕심일지도 모른다는 생각이 들 때도 있지만, 나는 이 모험을 계속 이어가고 싶었다. 그런 고민을 하고 있던 어느 날, 자칭 앙큼한 불여우 지수가 내게 다가와 말했다.

"하은, 있잖아. 나는 우리가 앞으로도 서로 나이를 몰랐으면 좋겠어. 하은의 나이도 알고 싶지 않고, 내 나이도 사람들이 계속 몰랐으면 좋겠어. 지금처럼 다 같이 수평적으로 편하게 이야기 나누는 이 관계가 너무 좋은 것 같아."

그 한마디가 그동안 내 마음속에 있던 고민을 모두 날려주었다. 앞으로 또 고민이 들 때마다 나는 그녀의 말을 떠올리며 힘을 낼 것이다. 누군가 한 명이라도 이 모임에서 평어 사용이 가져다준 수평적 관계를 통해 긍정적인 에너지를 받았다면, 이 모험은 이미 성공한 것이기에.

평어를 사용하고 수평적인 관계를 위해 노력하는 이 모임이 누군가에게 해방감을 제공하고, 특별한 관계를 만들어 준다고 나는 확신한다. 평어를 쓴다는 이유만으로, 우리는 나이와 지위를 넘어서 진정한 친구로서 서로를 이해하고 존중하는 관계를 만들어 갈 수 있었다. 나는 언제나 주변에 평어 사용을 적극 추천할 것이다. 이 작은 변화가 우리 모두에게 더 자유롭고 평등한 관계와 더 친밀하고 따뜻한 친구들을 선물해 줄 것이라 믿기 때문이다.

아, 이 글을 읽고 혹시나 평어에 대해 궁금해졌다면 이성민 작가의 《말 놓을 용기》와 문학잡지 《릿터》 34호(예의 있는 반말)를 읽어보길 추천한다.

하은

갈등이 갖는 가치

"애인이 밥 먹다가 내가 아닌 다른 이성의 깻잎을 떼줘도 되는가?"

이 단순한 질문이 인터넷을 뒤흔들었다. 나무위키에는 연예인별 반응까지 정리될 정도로 화제가 되었고, 부정론, 긍정론, 조건부 긍정론, 중립 혹은 모르겠음 등으로 유형별 어록까지 나뉘어 있다. 이제 깻잎 논쟁은 단순한 유행을 넘어 연애관을 확인하는 공식 질문이 되었다.

이 논쟁이 흥미로운 이유는 정답이 없기 때문이라고 생각한다. 그리고 질문은 단순하지만, 그 하나로도 연애관, 질투심, 신뢰의 기준, 배려의 범위까지 드러난다. 정답이 없는 문제지만, 각자의 가치관을 반영한 논쟁이 가능하다. 그래서 나는 독서 모임에서 발제문을 만들 때, 적어도 하나의 질문에는 깻잎 논쟁처럼 의견이 팽팽하게 갈릴 수 있는 주제를 넣는다.

"여러분이 생각하는 위대함은 일론 머스크와 그레타 툰베리 중 누구에 더 가까운가요?"

"여러분이라면 (소설 《모순》속의 남자 주인공) 김장우와 나영규 중 누구를 선택하실 건가요?"

"영화 <혐오스런 마츠코의 일생>에서 마츠코 인생 최악의 인간은 누구일까요?"

그리고 예상대로 의견이 팽팽하게 갈리면, 그 순간 독서 모임이 살아있다는 생각이 들고 이 모임이 너무 좋다고 늘 생각난다. 같은 책을 읽고 같은 영화를 봤어도 사람들은 종종 전혀 다른 시각을 가진다. 같은 입장일 거라 생각했던 사람도 조금만 깊이 이야기해 보면 미묘한 차이가 드러난다. 그럴 때마다 나는 왠지 모르게 짜릿한 도파민을 느낀다. 올라가는 입꼬리를 감추기 어렵다. '재밌다.'

다행히도 나뿐만 아니라 우리 멤버들 역시 정답이 없는

질문에 논쟁하는 것을 꽤나 즐기는 것 같다. 의견이 갈리는 순간을 피하지 않는다. (논쟁을 즐기는 게 가장 큰 특징이라는 ENTP가 유독 우리 모임에 많은 것은 우연이 아닐지도…….)

얼마 전, 혐오스런 마츠코의 일생을 보고 발제로 위의 질문처럼 '마츠코가 만난 최악의 인간 월드컵'을 한 적이 있었다. 멤버들은 각자 자신이 생각하는 최악의 인물을 토너먼트에 올리기 위해 열을 올렸다.

"근본적으로 문제의 시작은 아버지야!"

"아냐, 처음 사랑한 사람이 중요해."

"가장 큰 치명타를 입힌 사람이 최악이지."

"목숨을 뺏은 사람이 가장 최악 아닌가?"

특히 평소에도 의견이 자주 엇갈리는 두 멤버가 16개의 선택지 중 단 하나를 제외하고 전부 다르게 고른 건 어쩌면 예상된 결과였지만, 너무 그들 같아서 저절로 웃음이 났다.

운이 좋게도 이 모임에서는 논쟁을 싸움이 아닌 토론으로 여긴다. 토론을 하다 보면, 사람들은 각자의 방식으로 갈등을 다룬다.

• **청개구리형**: 남들이 A라고 하면 굳이 B라고 말해보는 사람. 논의를 풍부하게 만들지만, 균형을 맞추려는 경우라면 '밸런스형'에 가깝다.

• **요지부동형**: 처음부터 끝까지 자신의 입장을 지키는 사람. 절대 흔들리지 않는다.

• **설득하는 안광형**: 눈빛에 불을 켜고 자신의 논리를 설파하며 사람들을 자기편으로 끌어당기는 유형.

• **갈대형**: 논쟁의 주도권을 잡지는 않지만, 양쪽 이야기를 듣다가 설득력 있는 의견에 공감하며 토론을 더욱 활발하게 만든다.

• **깨우침형**: 논쟁 중 누군가의 한마디에 가치관이 뒤흔들려, 생각이 바뀌어버리는 유형.

이런 사람들이 한데 모이면, 조용할 리 없다. 하지만 우리는 서로를 공격하려고 논쟁하는 것이 아니다. 의견의 갈등은 있지만, 사람 사이의 갈등은 없다.

우리는 알고 있다. 서로의 말이 조금 거칠어질 때도, 서로가 그 말 하나로 서로를 판단하지 않는다는 것을. 함께하는 시간이 쌓일수록, 우리는 서로를 더 안전한 사이, 안전한 공간이라고 느끼게 된다. 그래서 어디서 쉽게 이야기하지 못할 의견도 이곳에서는 마음껏 꺼낼 수 있다.

가끔은 나도 편협하게 말할 때가 있다. 하지만 서로 신뢰가 쌓이면, 멤버들이 내가 실수한 그 말 하나가 내 전부라고 생각하지 않는다는 것을 느끼게 된다. 그게 이 모임이 주는 가장 큰 안전함이다. 그래서 갈등이 생겨도 순수한 도파민으로 이어질 수 있는 것 같다. 우리는 단면만 보고 서로를 판단하지 않으니까. 그래서 갈등을 '부딪침'이 아니라 '자극'으로 받아들일 수 있고, 이 자극은 소모적인 스트레스가 아니라, 서로를 확장시키는 에너지가 된다.

나는 다른 사람에 비해 갈등을 싫어하지 않는다. 아니, 갈등을 통해 변화하는 순간을 좋아한다고 표현하는 게 더 맞겠다. 그래서인지 나는 우리가 함께 모여 독서 모임을 하는 사이로 최대한 오래 만나고 싶다. 독서 모임을 통해 갈등 속에서 성장하고, 다양한 사람들과의 대화를 통해 각자의 세계를 넓혀갈 수 있으니까. 갈등과 변화를 통한 이해와 성장. 이것이 내가 독서 모임을 계속하는 가장 큰 이유인 것 같다.

하은

문장으로 시작해서
문장으로 끝나는 시간

    독서 모임이 끝나면 내가 제일 좋아하는 시간이 찾아온다. "오늘 모임 어떠셨나요? 혹시 못다 한 이야기가 있다면 나눠 주세요."

    나를 무척 잘 아는 내 친구 R은 이 시간을 '하은이 제일 좋아하는 시간'이라고 소개하곤 한다. 그리고 정말 그렇다. 토론이 끝나고 각자가 느낀 점을 정리하며 말하는 순간. 사람마다 다르게 기억하고, 다르게 느낀 감정을 듣는 것이 나에겐 큰 기쁨이다. 그 말들 사이에서 서로의 세계를 조금 더 알게 되는 느낌이 들기 때문이다.

독서 모임에서는 생각보다 많은 이야기가 오간다. 토론이 한창일 때는 서로의 의견이 엇갈리고, 같은 책을 읽었어도 전혀 다른 해석이 나오기도 한다. 어떤 날은 토론이 격렬해지고, 또 어떤 날은 모두가 고개를 끄덕이며 같은 감상을 공유하기도 한다. 하지만 모임이 끝날 즈음, 우리는 처음보다 더 가까워져 있다. 그래서 이 마무리 시간이 더욱 소중하다. 많은 말을 나누었지만, 그 끝에는 각자의 감정을 차분히 정리하고 공유하는 순간이 기다리고 있다.

비슷한 이유에서 발제문을 만들 때, 의견이 갈리는 질문 말고 꼭 넣는 질문이 또 있다.

"책 어떠셨나요? 읽고 가장 인상적이었던 문장을 말해 주세요."

매번 독서 모임의 시작에 하는 질문이지만, 사람들의 대답은 늘 기대된다. 같은 책을 읽어도 각자 마음에 담는 문장은 저마다 다르다. 어떤 문장은 따뜻해서, 어떤 문장은 날카로워서 선택받는다. 어떤 문장은 읽는 순간엔 별 감흥이 없었는데, 누군가의 입을 통해 다시 들으면 새롭게 와닿기도 한다. 한 문장이 한 사람에게는 그냥 지나치는 문장일 수도 있지만, 다른 사람에게는 긴 시간 동안 마음에 남아있는 문장이 되기도 한다. 내가 가장 좋아하는 순간은 바로 이 '문장으로 시작해서 문장으로 끝나는' 시간이다.

처음에는 각자가 가장 인상 깊었던 문장을 나누며 이야기를 시작하고, 마지막에는 오늘의 대화를 정리하며, 각자의 생각과 느낀 점을 한 번 더 돌아본다. 이 과정이 좋은 또 하나의 이유는 누구나 대답할 수 있기 때문이다. 말을 많이 하는 사람이든 적게 하는 사람이든, 이 순간만큼은 모두가 자신의 목소리를 낸다. 책 속에서 한 문장을 골라보는 것만으로도 충분하다. 누구나 한 문장으로 자신의 마음을 표현할 수 있고, 그 한 문장이 서로를 연결해 주는 것이다.

월간 위대함에서 우리는 '위대함'을 주제로 책을 읽는다. 하지만 우리가 만나는 위대함은 어쩌면 그리 거창하지 않다. 같이 만난 작은 문장 하나가 우리의 마음을 흔들고, 그 문장을 나누는 과정에서 우리는 서로의 다름을 이해한다. 가끔은 토론보다 한 사람이 던진 짧은 말이 더 깊이 남기도 한다. 같은 책을 읽고도 각자가 발견하는 문장이 다르다는 사실이 참 좋다. 그렇게 우리는 서로 같고 다른 문장 속에서 연결된다.

때문에 '오늘 모임 어떠셨냐'는 마무리 시간은 단순한 인사가 아니다. 토론을 마무리하고 각자의 생각을 정리하는 과정이다. 한 권의 책이 끝나면 기억에 남는 문장도, 함께한 시간도 조금씩 쌓여간다.

그래서 나는 이 시간을 기다린다. 책을 통해 서로를 이해하고, 문장을 나누며 함께 성장하는 이 경험이 나에겐 아주 소중하다. 독서 모임 월간 위대함은 내게 문장을 통해 서로를 알아가는 시간이고, 그 안에서 우리는 함께 기억할 만한 문장들을 차곡차곡 쌓아가고 있다.

수지

클럽장이 사라졌다

"연장은 안 할 것 같아요."

첫 시즌 마지막 날, 클럽장 성원이 클럽을 연장하지 않겠다는 의사를 밝혔다. 그동안 연장에 대해 물어볼 때마다 성원은 "아모른직다[3]" 같이 애매모호한 답으로 여지를 남기긴 했지만, 사실 대부분의 멤버들은 마음의 준비를 하고 있었다. 비록 그 준비가 잘 되지 않아서 밥 먹을 때마다 연장 의사를 물어보고, 매번 "지나가라[4]"를 외치던 성원을 위해 '못 지나가 윤성원'이라는 질척거리는 멘트의 플래카드를 붙여놓

---

3) '아직 모른다'의 음절을 변형한 표현으로, 결과를 단정짓기 이르다는 의미다. 모임 연장 의사에 대한 질문을 받을 때 성원이 자주 쓰던 말이다.
4) 자연스럽게 이 모임을 흘려보낸다는 의미를 담은 표현으로, 완곡한 거절 의사가 내포된 것으로 추정된다. 모임 연장 의사에 대한 질문을 받을 때 성원이 자주 쓰던 말이다.

기도했지만 말이다.

위대함이라는 주제로 모이긴 했지만, 분명 그 중심에는 성원이 있었기에 오늘이 진짜 마지막이라고 생각했다.

친해질랑 말락할 때 끝나서 아쉽다는 생각이 머리를 스칠 때쯤 최고의 파트너 하은이 말했다.

"혹시 클럽장 없는 모임으로 변경하면 다들 연장할 생각 있으세요?"

맞다. 클럽장이 꼭 있을 필요는 없지 않은가. 대부분의 멤버들이 나와 같은 생각이었는지 연장을 결정했고, 그렇게 우리는 클럽장이 없는 클럽이 되었다.

클럽장이 없는 클럽이 되자 변화가 생겨났다. 그 변화는 책 선정에서부터 나타났다. 《파블로 피카소》, 《니체의 삶》 등 예술과 철학 관련 위인에 대한 책을 읽었던 첫 시즌과 달리 《아메리칸 프로메테우스》, 《군주론》, 《일론 머스크》, 《에로스의 종말》 등 과학, 역사, 기술을 아우르는 다양한 분야의 책을 읽었다.

함께 읽는 책의 분야가 다양해지자 대화 주제도 달라졌

다. '《군주론》에서 얻을 수 있는 교훈은 무엇인가?', '사랑은 무엇인가?' 같이 진지해서 재미없다거나 오글거린다는 말을 들을까 봐 꺼내기 어려운 주제들부터, '내가 오펜하이머라면 일본 폭탄 투하에 동의했을까?', '일론 머스크의 화성 이주 계획에 찬성하는가?' 같이 혼자서는 생각해 보기 어려운 주제들까지 다양한 이야기를 나눴다.

주제가 다양해진 탓인지 모임의 분위기도 달라졌다. 크게 의견이 갈리지 않았던 첫 시즌과 달리 《군주론》을 읽고 제국주의에 대한 의견이 갈려 분위기가 뜨거워지기도 하고, 《아메리칸 프로메테우스》를 읽고 핵에 대한 하형의 배경지식에 놀라며 하형 교수님과 학생들 모드가 되기도 했다. (그날 이후 승호는 하형의 빅팬이 되었다.) 《일론 머스크》를 읽을 때는 승호의 일론에 대한 사랑이 우리의 생각 이상이었음을 확인한 후, 인공지능과 기술 윤리를 주제로 어떻게 해야 인류가 더 나은 방향으로 나아갈 수 있을지 다 같이 머리를 싸매고 고민했다. 《에로스의 종말》을 읽고 나서는 "연애를 하고 싶으면 이러고 있지 말고 밖으로 나가야 한다"는 하형의 쓴소리에도 꿋꿋하게 각자 사랑에 대한 생각과 연애 스타일에 대해 대화를 나눴다.

모임이 정말 재미있었다. 클럽장이 있었을 때도 재미있었지만 이건 또 다른 재미였다. 평소 만나보고 싶었던 클럽장의 이야기를 가까이에서 듣는 것도 좋았지만, 어떤 주제에 대한 내 경험과 생각을 말하고 멤버들의 다양한 이야기를 듣는 경험은 특별했다. 머릿속에서 정리되지 않고 떠다니던 생각들을 글로 쓰고 말하는 과정에서 내 생각을 명확하게 정리할 수 있었고, 멤버들의 질문에 답하면서 생각해 보지 못했던 부분까지 생각해 볼 수 있었다.

또, 대부분의 친구들은 학교나 직장에서 만나다 보니 비슷한 부분이 많지만, 여기서 만난 멤버들은 사는 곳도, 자라온 환경도, 하는 일도 제각각이었다. 덕분에 각 멤버들이 가진 생각과 고유의 이야기는 늘 신선하고 흥미로웠으며 때로는 유익하기까지 했다.

그동안 나는 우리가 성원을 중심으로 모인 비슷한 사람들이라고 생각했었다. 하지만 클럽장이 사라지고 나니, 우리는 너무나도 다른 사람이었다는 당연한 사실이 보이기 시작했다. 그동안은 알게 모르게 모두가 클럽장을 바라보고 있었다면, 이제는 서로를 바라보며 대화를 나누다 보니 각자의 색

깔이 선명하게 드러났기 때문이다.

신기한 건 그렇게 다름을 발견한 순간 멀어지는 게 아니라 오히려 더 가까워졌다는 점이다. 나와 다른 의견을 더 듣기 위해 노력하게 되었고, 서로를 이해하려는 태도가 생겼다. 그렇게 우리는 조금씩 다름을 받아들이며 서로를 더 잘 알게 되었고, 당연히 더 친해졌다. 덕분에 월간 위대함도 더 단단하고 풍성해졌다.

사실, 성원은 어떤 이유에서인지 '성원 없는 성원 클럽'이 되고 나서도 멤버로서 (비록 참석률은 낮지만) 우리와 함께하고 있다. 우리만의 생각일 수도 있지만, 오히려 멤버로서의 성원이 더 편안해 보이는 것 같기도 하다.

그리고 우리는 (비록 성원은 그 자리에 없지만) 종종 성원에게 고마움을 느낀다. 클럽장이 없었다면 우리가 모일 일도 없었을 테니까. 하지만 동시에, 클럽장이 사라지지 않았다면 우리가 지금처럼 친하게 지내며 오랫동안 만날 수 있었을까 싶기도 하다. 같은 사람들이 모이더라도 어떤 관계로 만나느냐에 따라 이렇게 달라지는 걸 보니, 앞으로 우리 모임이 어떻게 흘러갈지는……. 아모른직다.

하은

위대한 것들에서 월간 위대함으로

　트레바리 윤수영 대표의 인스타그램 스토리에서 처음으로 독서 모임 '위대한 것들'을 알게 되었다. 마침 유튜브 숏폼 콘텐츠에 관심이 많던 시기였고, ODG 영상을 만든 클럽장이 이끄는 모임이라는 점이 호기심을 자극했다. 단순히 책을 읽는 모임 이상의 무언가를 기대하며 신청 버튼을 눌렀는데……. 이 클럽은 쉽게 들어갈 수 있는 클럽이 아니었다. 모집이 시작되자마자 3분 만에 마감되었고, 예상치 못하게 가입 방식이 퀴즈 형식이었다. 가입을 할까 말까 망설이던 차에 트레바리로부터 연락이 왔다.

"하은 님, '위대한 것들' 신청하셨는데 혹시 파트너를 맡아 보실 생각이 있으신가요?"

이미 다른 클럽의 파트너로 활동 중이라 두 개의 클럽을 운영할 수 있을지 고민이 되긴 했지만, 호기심이 더 컸다. 고민 끝에 나는 그 호기심을 따라보기로 했다. 지금 돌아보니 그때의 내 호기심을 칭찬해 주고 싶다.

모임에 참여하면서 가장 인상 깊었던 것은 멤버들이 가지고 있는 에너지였다. 3분 만에 마감된 재빠른 사람들의 모임이어서인지, 퀴즈라는 좁은 바늘구멍을 통과한 덕분인지, 꽤나 캐릭터 있고 적극적인 사람들이 많았다. 모임에서 보내는 시간이 쌓이면서 느낀 것은, 이곳에 모인 사람들의 에너지가 남다르다는 점이었다. 서로가 서로에게 자극이 되며 시너지를 만들어냈다. 이 모임은 마치 모든 이들이 자신만의 위대함을 찾아 나가는 여정처럼 느껴졌다. 적극적이고 다정한 대화를 나누는 과정 속에서 서로에게 영감을 주었고, 단순한 독서 모임 그 이상의 무언가가 매달 모임을 통해 쌓여갔다.

사실 나는 코로나로 인해 5년 동안 이어 온 애정 깊은 독서 모임이 끝난 뒤로, 다시는 모임에 깊이 정을 주지 않겠다고 다짐했었다. 적당한 거리를 유지하며 부담 없이 책을 읽고 생각을 나누는 것으로 충분하다고 생각하려 애쓰던 나에게 '위대한 것들'은 예상치 못한 변수처럼 다가왔다. 처음에는 파트너 역할도 딱 한 시즌만 해보자는 마음이었지만, 시간이 지날수록 이 모임과 멤버들이 내 일상에 스며들며 소중한 존재가 되었다.

시즌이 끝나고 클럽장 성원님이 더 이상 모임을 연장하지 않겠다고 했을 때, 아쉬움은 나만의 감정이 아니었다. 멤버들 모두 이 만남을 이어가길 바랐고, 누군가의 리더십에 의존하지 않더라도 우리 스스로 모임을 이어갈 수 있으리라는 믿음이 있었다. 그렇게 우리는 클럽장 없이도 스스로 이끌어가는 모임, '월간 위대함'을 시작했다.

클럽장은 없어졌지만, 그 덕분에 우리는 더 주체적으로 모임에 참여했다. 각자의 능동적인 역할과 참여로 모임을 함께 만들어가는 과정은 독서 모임 그 이상의 관계와 추억을 만들었다. 우리는 서로의 일상과 생각에 자연스레 스며들었고, 이제는 더 이상 이 모임이 내 삶에서 스쳐 가는 한 페이지가 아니라 어느새 뿌리를 내린 한 부분이 되었다. 이 모임이 언제까지 이어질지는 모르겠지만, 적어도 지금은 이 여정이 꽤 마음에 든다. 우리에게는 아직 함께 나눌 이야기와 발견하지 못한 위대함이 너무도 많으니까.

2장

위대함은 좋은 사람들과의 연결에서 시작된다

승호

위대한 일은

결코 한 사람만의 힘으로 이루어지지 않는다.

그것은 팀의 힘으로 이루어진다.

- 스티브 잡스 -

처음엔 단순히 '독서로 지식을 쌓자, 좋아하는 윤성원 감독을 만나자'는 바람으로 시작한 독서 모임이었다. 그런데 이 모임은 그 이상이었다.

이 모임을 통해 좋은 사람들을 만났다. 그들과 함께 인간적인 성장을 경험했다. 모든 구성원은 서로를 따뜻하게 대하고, 존중하며, 이해하는 분위기를 만들었다. 보통 이런 모임에는 몇몇 싫어하는 사람이나 가까이하고 싶지 않은 사람이 있기 마련인데, 여기에는 그런 사람이 단 한 명도 없었다. 정말 신기했다.

이 공동체를 통해 성장해 가는 나 자신을 돌아보며, '좋은 공동체는 어떻게 만들까?'라는 궁금증이 생겼다. 좋은 공동체를 만들기 위해 어떤 조건이 필요할까?라는 의문은 1년 동안 머릿속에서 떠나지 않았고, 결국 좋은 공동체를 만든 경험이 있는 사람들을 인터뷰하고 싶다는 생각까지 하게 됐다.

그래서 좋은 공동체를 만든 경험이 있는 윤성원 대표, 윤수영 대표, 임태윤 대표를 인터뷰했다. 이들이 정의하는 좋은 공동체란 무엇이며, 어떻게 만들었고, 어떤 비전을 제시해 이루었는지 공유하고 싶다.

첫 번째 인터뷰- 윤성원 감독

'배웠다고 말할 수 없음'을 배웠다

윤성원 감독의 공동체 운영 일지

소개

윤성원 감독은 연세대 신문방송학과를 졸업한 후, 2014년부터 지금까지 스튜디오 솔파 대표이자 PD로 활동하며 Solfa, Hup, film94, ODG, 그리고 존이냐 빅이냐, 2005채연 등 다양한 유튜브 채널을 운영해 왔다. 이 채널들을 통해 총 500만 구독자와 15억 조회수를 달성했고, 그의 영화 같은 영상미는 업계에서 '솔파스럽다'는 평가를 받을 정도로 주목받았다.

또한, 2014년부터 지금까지 제작한 콘텐츠 덕분에 수많은 사람들을 만나왔고, 그 만남의 수와 다양성, 그리고 경험은 헤아리기 어려울 정도다. 이에, 좋은 공동체를 만드는 법과 좋은 사람들을 모으는 방법에 대해 윤성원 감독과 함께 인터뷰를 진행했다.

인터뷰

Q. 솔파 스튜디오와 독서 모임을 만들게 된 이유와 동기는 무엇인가?

둘은 완전 다른 집단이다. 하나는 회사이고, 하나는 독서 모임이다.

조직의 특성은 당연히 알 테니, 동기만 얘기하자면 솔파 스튜디오는 꿈을 이뤄가는 과정에서 사업체의 형태가 필요했기 때문에 자연스럽게 구성하게 된 조직이다. 친해 보이는 팀원들과의 관계도 결국 제일 끝에 가서는 계약서로 연결되어 있는 이익집단이다.

독서 모임은 내가 너무 도파민 중독에 절여져 있나? 하는 현대인의 일반적인 성찰에서 시작되었다. 조금 더 긴 시간 집중해서 하는 걸 찾고 싶었는데, 그걸 강제하려면 모임의 형태가 있으면 좋겠다 싶었다. 마치 운동을 하기 위해 돈 주고 PT를 끊는 개념이다.

Q. 직접 만든 공동체의 성공과 실패 사례를 공유해 달라.

스스로 공동체를 만들었을 때 성공했다고 느낀 적은 없다. 성공한 공동체란 뭐지? 사실 모르겠다. 난 '실패했다'고 느끼는 경우가 훨씬 많다. 특히 사업을 하면서 많이 느낀다. 사업을 하는 대부분의 사람이 그렇겠지만 아무리 친하게 지내도 결국 이익집단의 논리와 직면해야 한다.

나는 집단의 분위기를 중요하게 생각하기 때문에 능력이 뛰어나도 팀의 분위기가 저해될 것 같다면 채용을 하지 않았다. 그 결과로 팀원들끼리의 분위기는 최상이다. 주말에 팀원들끼리 단체로 놀러 갈 정도이다.

하지만 결국 우리는 이익집단이고, 퍼포먼스를 내야 한다. '사람이 좋다'보다 '실력이 좋다'가 필요하다. 이 과정에서 팀원들을 독려하거나 압박하기도 하는데, 여기서 갈등이 발생하는 경우도 있다. 그럴 때마다 난 실패를 느낀다. '아 내가 조직 구성을 잘못했구나', '대표로서 가이드를 잘못 줬구나' 자책은 끝이 없다. 그래도 어쩌겠는가? 모두 내 책임이고, 성과와 팀워크의 균형을 계속 맞춰 나가야 하는 게 대표의 운명이다.

Q. 솔파 스튜디오, 독서 모임이 잘 운영되는 데 있어 특별히 신경 쓰는 부분이 있다면 무엇인가?

앞에서 말했던 것처럼 내가 조직을 잘 운영한다고 생각하지 않는다. 특별히 신경 쓰는 것도 없다.

다만 독서 모임은 이익집단이 아니기에 조합이 잘 맞는 사람들을 모아 놓으면 알아서 굴러간다.

솔파 스튜디오는 다르다. 변화에 적응해야 하고, 새로운 퍼포먼스를 내야 한다. 이 과정에서 난 그저 어떻게든 앞으로 나아가려고 애쓰고 있을 뿐이다. 조직이 문제가 생기면 내 개인의 퍼포먼스로 문제를 해결하려고 하는 편인데, 이 방식이 올바르고 건강한 조직 운영이라고는 생각하지 않는다. 결국 각자의 역량이 최대한 발휘될 수 있는 환경을 만드는 게 내가 할 수 있는 일인데, 여전히 스스로 많이 부족하다고 생각한다. 그래서 더 노력해야 한다고 느낀다.

Q. 솔파 스튜디오 구성원을 선정할 때 어떤 기준을 사용하셨나?

먼저 말투, 표정, 눈빛 등을 본다. 이 사람이 가진 "테"라고 해야 하나, 넓은 의미로 "이 사람 대충 같이 일하면 피곤할 것이다"라고 분류하는 경향이 있다. 이게 일차적인 기준이다.

그다음에는 능력을 보는데 처음 조직을 구성하는 단계에서는 엄청난 커리어를 가진 사람을 뽑을 수가 없었다. 연봉이 높지 않았기 때문에 대부분 비슷비슷했다. 학생 때 뭘 했고, 인턴을 뭐 했고 이런 것들이 다 비슷하니까.

그래서 이 사람이 어떤 삶의 방향성과 의지를 가지고 있는지 보게 된다. 면접 공식 질문이 "꿈이 뭐예요?"이다. 커리어적 꿈이 아니라, 인간으로서 어떤 삶을 살고 싶은지를 물어보는 질문이다.

이걸 물어보는 이유는 지금 하려는 '일'에 대한 꿈과 포부는 상대적이기 때문이다.

일단 일이라는 것은 기술과 산업의 산물이다. 영상을 하고 싶은 건 내가 그 기술을 활용할 수 있는 시대에 태어났기 때문이다. 200년 전에 태어났으면 난 영상을 할 수 없다.

TV에서 "꿈을 이룬 사람!" 하며 커리어에 미쳐 사는 사람이 나오면 우리는 환상을 갖는다. 나도 저런 걸 찾아서 해야겠다는 환상 말이다. 하지만 사실 내 최고의 적성이 주판 만지는 거였다면? 이미 내 최고 퍼포먼스를 낼 수 있는 산업이 사양 되었을 수도 있다. 그래서 지금 하는 커리어를 절대적인 것으로 보고 쫓는 것에 대해 회의적이다.

커리어 자체가 기술과 산업에 의해 생긴다면, 꿈은 미디어에 의해 만들어진다. 탑건 영화가 86년에 개봉했을 때 미해군 지원자가 급증했다는 이야기는 유명하다. 내가 갖고 있는 커리어적인 꿈도 결국 무언가를 보고 영향을 받은 것일 뿐이라고 생각한다.

따라서 "기술의 발전으로 인해 만들어진, 미디어를 통해 환상을 갖게 된 직업" 말고 인간으로서 어떤 삶을 살고 싶은지 물어봤을 때 나오는 답변을 중요하게 생각한다. 커리어는 현재 시대의 산업 흐름에 따른 부산물이지만, 인간으로서의 삶의 방향은 시대를 초월한 가치이기 때문이다.

Q. 솔파 스튜디오를 이끌면서 가장 많이 배운 핵심 가치는 무엇인가?

확실한 건, 회사 운영은 끊임없는 배움의 연속이라는 점이다. 배운 게 너무 많아서 정리하기 어려울 때도 있고, 때로는 무엇을 배웠는지조차 명확하게 말하기 어려울 때가 있다. '배웠다'고 생각했던 것들도 착각이었음을 느낀다.

결국, '배웠다고 말할 수 없음'을 배웠다.

Q. '위대한 것들'을 모집한 과정과 방법이 궁금하다. 퀴즈를 구성하며 가장 중요하게 고려한 요소나 인상적인 답변도 소개 바란다.

선발할 때 우선 독서 모임에 참여하고 싶어 하는 모집단 자체가 '사슴 같은 사람들'이라고 느꼈다. 공격적이고 거친 사람들이 주말에 모여서 책 읽을 확률은 낮기 때문. 그래서 일차적으로 둥글둥글한 분들로 걸러졌다고 생각한다.

답변 중 인상적이었던 건 사실 기억나지 않지만, 오는 사람들의 목적의식은 중요하게 생각했다. 단순히 나를 보러 오는 사람들보다는 모임 자체에 진지하게 참여하고 싶은 분들을 찾으려고 했다. 나 때문에 온 사람들은 장기적으로 함께하기 어렵다고 판단했기 때문이다.

또한 직업이나 나이의 균형도 중요하게 보았다. 예체능 계열 종사자가 많았는데, 특정 분야에만 집중되면 모임의 다양성이 줄어들 수 있기에 직업 밸런스를 맞추는 데 신경을 썼다.

질문이 여러 개 있었기 때문에 나름대로 알고리즘 같은 방식을 최종적으로 사용했다. 각 답변마다 가산점을 주고 엑셀을 활용하여 총합이 높은 사람들을 정리하는 방식. 여기에 꽤 시간을 썼던 기억이 있다.

Q. 솔파 스튜디오와 독서 모임에서 구성원을 잘 못 뽑아 힘들었던 적이 있나?

없다. 사실 있는데 없다고 하는 걸지도 모르겠다. "있다"라고 하는 순간 그걸 해결하려는 움직임을 해야 하고, 그 움직임을 했다면 어떤 방식으로든 나름의 해결이 되었을 것이다.

독서 모임은 운이 좋게 모두가 둥글게 둥글게 잘 지내는 것 같다.

Q. '트롤 보존의 법칙'에 대해 알고 있나? 트롤을 필터링하는 구체적인 방법이 있나?

트롤 보존의 법칙에 대해 알고 있다. ○○ 총량의 법칙처럼, 이 세상의 트롤의 비율은 일정하게 유지된다. 나도 필터링하면 좋겠지만 살다 보면 뒤통수를 한두 번씩 맞게 된다.

그래도 나름의 필터링 노하우를 말해보자면, 그 사람의 과거부터 이어진 교우관계를 살펴보는 거다.

유년 시절부터 자연스럽게 친구를 사귀며 관계를 이어간 사람들은 대체로 건강한 관계를 형성하는 경우가 많았다. 반면, 친구가 거의 없거나 손절을 반복하는 사람들은 같은 이유로 나에게 손절 화살이 돌아올 수 있다. 그런 상황을 경험하며 사람들의 관계 패턴을 조금씩 이해하게 되었다.

또한, 지나치게 화목한 가족 관계도 때로는 예상치 못한 행동을 초래할 수 있다는 생각을 했다. 일반적으로 가족 간에는 적당하고도 건강한 거리감과 서먹함이 존재하기 마련인데, 가족 간 사랑이 지나치게 흘러넘치고 그것이 외부에 드러날 정도인 경우 내 예상 밖의 방식으로 인간관계를 맺는 경우가 있었다. 물론, 이는 단순히 내가 관찰한 하나의 사례일 뿐이고, 아직 더 고민하고 연구해야 할 주제다.

Q. 다양성을 중요하게 생각하나? 솔파 스튜디오와 독서 모임에서 다양성은 어떻게 반영되었나?

회사는 당연히 이익집단으로서 사람을 뽑기 때문에 다양성은 후순위로 밀린다. 다양성을 위해서 회사의 본질을 흐리지 않는다.

하지만 독서 모임과 같은 모임은 다양성을 중요하게 생각한다. 비슷한 사람이야 업계에서 지독하게 만날 텐데, 이런 모임에서라도 내가 평소에 못 만나던 사람을 만나봐야 하지 않겠는가?

건강한 집단을 위해 성비, 직업 등을 최대한 골고루 나누려고 했다. 물론 나의 필터링을 거쳤기 때문에 진정한 다양성이라고 할 순 없고, "내가 허락한 다양성"이라고 할 수 있겠다.

Q. 클럽장을 그만두기로 결심한 이유는 무엇인가? 그리고 다시 멤버로 가입한 이유는 무엇인지? 왜 계속 독서 모임엔 참여를 안 하시면서 번개모임을 하시는지 궁금하다.

클럽장을 그만둔 이유는 4번을 다 참여하기도 해서 끝났고, 이제는 바빠서 더 이상 참여하기는 어려울 것 같아서. 다시 멤버로 가입한 이유는 책임감 때문이었다. 모임에 참여는 안 하지만 계속 돈을 내면서 멤버로 유지하고 있는데, 함께했던 사람들이 계속 모임을 이어가고자 했고, 그 에너지를 그냥 방치할 수 없었다. 한때 에너지를 모은 주최자로서, 그 흐름을 지켜보고 공유해야 한다는 책임감을 느꼈다.

번개모임에 참여하는 것도 비슷한 맥락이다. 어떻게 돌아가는지 온도 체크는 해야 하지 않을까……? 싶은 죄책감 같은 것. 무엇보다 하은 님이 지속적으로 나를 초대해 준다. 내가 미적지근하게 대답해도 항상 비슷한 결로 초대해 주서서 감사함을 느낀다.

Q. 사업이나 이끌고 있는 공동체를 발전시키기 위해 추가적으로 하고 싶은 것은 무엇인가?

성공한 여느 CEO들처럼 비전을 명확하게 제시하고 싶다. 팀원들이 피곤해할 때, 이 상황을 어떻게 돌파힐 수 있을까를 고민하게 되었다. 그럴 때 중요한 건 이 사람들이 왜 일하는지, 그 목적의식을 되살려 주는 것이라고 생각했다. 왜 성공한 스타트업 CEO들이 매주 타운홀 미팅을 열고 비전을 공유하는지 이해하게 되었다. 팀원들에게 앞으로의 방향성을 확실히 전달하고, 그들이 그것을 통해 성장할 수 있도록 돕고 싶다.

Q. 윤성원에게 위대함이란 무엇인가? 인물이나 혹은 그 어떤 한 것을 공유해 달라.

위대함에 대해 몇 가지 키워드가 떠오르는데, 첫 번째로 '개성'이다. 복제되지 않은 오리지널리티를 중요하게 생각한다.

두 번째로는 '꾸준함'이다. 나의 개성과 시대의 흐름이 우연히 잘 맞아서 되는 게 아닌, 꾸준히 노력하고 고민하는 태도가 거기에 기여했는가를 본다.

세 번째는 '호혜'이다. 결과적으로 그 위대한 결과물이 여러 사람에게 긍정적인 영향을 끼쳤는가?이다. 꼭 이타적인 목적을 갖고 위대함을 쫓아야 된다고 생각하지 않는다. 자기 이익을 추구하더라도, 결과적으로 다른 사람들에게 영감을 주거나 긍정적인 영향을 미칠 수 있다면 충분히 의미 있다고 생각한다. 지금 시대가 아니라면 미래에라도.

Q. 윤성원은 위대함을 추구하는 사람인가?

위대함을 추구한다. 명예를 중시하는, 소위 '명예충'일 수도 있다. 이렇게 말하면 "돈 없이도 된다는 말이냐!"는 공격을 받기도 하는데, 당연히 돈도 중요하지만 굳이 말하자면 돈에도 얼굴이 있다고 생각하는 편이다.

내가 생각하는 명예를 상대방에게 공감시키는 건 어려운 일인 것 같다. 일단 돈처럼 명확한 형태를 갖고 있지 않기도 하지만, 사람마다 명예에 대한 정의가 다르기 때문이다. 내가 무시하는 가치가 어느 집단에서는 인정받는다. 거꾸로 나 역시 어느 곳에서는 명예가 있다고 인정받지만 다른 곳에서는 무시당한다. 결국, 명예라는 건 각자가 알고 있는 세상 안에서 추구할 뿐이다.

나는 영상업을 하고 있으니 영상 업계에서 인정을 받으면 좋고, 나를 오래 알고 지낸 친구들과 가족에게 인정받으면 좋다.

영화 파수꾼에서 "너만 나를 인정해 주면 돼"라는 대사가 있다. 결국, 내가 인정받기를 원하는 사람들에게 받는 인정이 훨씬 더 진하게 다가온다. 모두가 공감할 것이다. 누구나 자신이 존경하거나 중요하다고 생각하는 사람들에게 인정받는 것이, 지구 반대편의 낯선 사람들에게 받는 인정보다 훨씬 더 큰 의미를 가진다는 것을.

Q. 위대함을 추구하는 과정에서 '소유 지향적' 사고방식의 함정을 어떻게 피하셨나? (예: 돈, 명성이나 인정에 대한 집착)

완전히 피했다고는 할 수 없다. 나 역시 전혀 자유롭지 않다. 매일매일 투쟁할 뿐이다.

내가 투쟁하는 방식은 크게 3 스텝이다.

1. 얻은 이후를 상상해 보기
2. 나의 롤 모델을 생각해 보기
3. 소유해 보기

1번, 상상해 보기.

예를 들어 기깔난 외제차가 있다고 치자.

'난 차에 크게 관심은 없지만 그 차를 소유하고 싶다. 왜냐하면 저 차를 소유하면 사람들이 날 멋있게 볼 거 같기 때문이다. 여자도 많이 꼬이고, 주변에서 부러워하는 시선도 많이 받을 거 같다.'

욕망을 간소화하면 이 정도일 테다. 나라고 크게 다르지 않다. 근데 뭔가 저걸 사는 게 맞나? 싶은 생각이 든다.

그러면 먼저 '가진 이후'를 상상해 보면 된다. 저걸 가져서 내가 얻게 되는 인간관계는 어떨까? 그 사람들이 내 삶을 얼마나 풍요롭게 할 것인가? 나의 경우 전혀 도움이 되지 않는다.

하지만 사람마다, 시기마다 상황은 다르다. 영업을 해야 하느니, 그냥 즐기면 된다느니, 등등 또 새로운 이유들로 차를 사고 싶을 수 있다.

2번, 나의 롤 모델을 생각해 보기.

내가 되고 싶은 사람, 존경하는 사람이 한두 명은 있을 텐데, 그 사람이라면 이걸 했을까?를 심플하게 생각해 보는 것이다. 내가 그 사람을 존경하는 게 이 차를 가지고 있기 때문인가?

아니다. 나는 그 사람이 존재하는 방식을 보고 좋아한다. 업적을 보고 좋아한다. 그러면 내가 이 차를 순간 나는 그 사람으로부터 너 멀어진다.

3번, 소유해 보기.

1번 2번이 안 먹히면 그냥 사본다. 명품이든 외제차든 사고 써본다. 그러면 알아서 깨달을 것이다. 오히려 "어? 나 외제차가 잘 맞네?" 할 수도 있다. 아니면 차 자체를 좋아하는 사람일 수도 있다. 그럼 동호회 활동 하면서 타고 다니면 된다. 그걸 탄다고 세속적이거나, 부정적인 게 전혀 아니다. 같은 걸 소유하더라도 그 속은 천차만별이다. 결국 모든 건 본인이 살아가는 방식에 어울리는 것들을 주변에 두고, 비슷한 사람들과 관계를 맺는 과정이라고 생각한다.

Q. 앞으로 새로운 공동체를 설립하거나 리드할 계획이나 목표가 있는가? 만들고 싶은 커뮤니티가 있다면 공유해 달라.

솔파 스튜디오는 사업이기 때문에 끝없는 레이스이다. 그래서 끝이 있는 걸 해보고 싶다. 예를 들면 6개월 동안 프로젝트를 하고, 시간이 되면 내 책임이 사라지는 형태. 쉽게 말해, 책임감에서 자유로울 수 있는 커뮤니티다.

이런 커뮤니티를 만들려면 시간이 더 필요할 것 같다. 그리고 그 과정에서 '누군가를 책임지는 삶'과 '자유롭게 살아가는 삶' 사이에서 균형을 맞춰보고 싶다.

더 많은 이야기가 궁금하시다면?

QR 코드를 스캔해 확인해보세요.

두 번째 인터뷰- 윤수영 대표

'세상을 더 지적으로, 사람을 더 친하게'

독서 모임을 커뮤니티로 만든 윤수영 대표의 이야기

소개

윤수영 대표는 국내 최대 독서 모임 커뮤니티 플랫폼 '트레바리'의 창립자이자 CEO다.

고려대학교 경영학과 재학 시절의 모임 운영 경험을 바탕으로 2015년 트레바리를 창립했다. 그는 독후감을 제출해야 참여할 수 있는 시스템을 도입해, 단순한 독서 모임을 넘어 깊이 있는 토론과 다양한 대화를 통해 사람들을 연결하는 새로운 커뮤니티 모델을 만들었고, 이를 수만 명이 활동하는 대표적인 독서 커뮤니티로 성장시켰다.

현재 트레바리는 강남과 안국에서 안정적으로 운영되고 있으며, 윤수영 대표는 2019년 포브스코리아 '2030 파워리더'로 선정될 만큼 젊은 세대의 롤 모델로 자리 잡았다.

그의 목표는 '세상을 더 지적으로, 사람들을 더 친하게' 만드는 커뮤니티를 구축하는 것이다.

트레바리 홈페이지를 처음 봤을 때 가장 인상 깊었던 건, 정말 다양한 매력을 지닌 사람들로 가득하다는 느낌이었다. 어떻게 이런 사람들이 한데 모일 수 있었을까 궁금했고, 그 중심에는 윤수영 대표가 있다는 생각이 들었다.

나 역시 트레바리 독서 모임에 참여하면서 좋은 사람들과 인연을 맺었고, 그 경험 덕분에 이 커뮤니티가 어떻게 만들어졌는지 더 깊이 알고 싶어졌다. 단순히 사람들을 모은 게 아니라, 매력적인 사람들이 지속적으로 모이고 머무를 수 있게 만든 운영 방식과 그 안에 담긴 생각들이 궁금했다.

그래서 이번 인터뷰를 통해, 윤수영 대표가 어떤 시행착오를 겪으며 이 거대한 독서 모임 커뮤니티를 만들어왔는지, 그리고 그 과정에서 어떤 통찰을 얻었는지를 직접 들어보고 싶었다.

인터뷰

Q. 트레바리를 설립한 이유는 무엇인가? 다른 특정 공동체를 만든 이유도 궁금하다. 왜 공동체를 만들었나?

나는 되게 심플한 편이다. 창업을 결심하게 된 이유는 딱 두 가지인데, 첫 번째는 세상에 도움이 되는 삶을 살고 싶은 마음이 정말 강했다는 것이다. 창업 당시에는 '내가 뭔가를 만들어서, 그게 팔리면 팔릴수록 세상에 도움이 되는 일을 하면 좋겠다'라는 막연한 생각이었다. 그리고 두 번째는, 앞으로 세상이 점점 더 다이내믹하게 변해갈 텐데, 그런 변화 속에서도 최소한의 경쟁력을 가지면서 살고 싶었다.

창업 전에는 '지금 쥐뿔도 없는데 내가 뭘 할 수 있을까?'라는 고민을 많이 했다. 그때 독서 모임 운영 같은 건 잘할 수 있을 거라고 생각했다. 남들이 퇴근할 때 출근해서 감정과 시간을 때려 붓는 일, 그리고 사람들이 싫어하는 일을 대신 해결해 주는 일이었으니까. 사실 그런 일은 아무도 하고 싶어 하지 않는다.

남들이 하기 싫어하는 일을 찾아보니, 예전에 친구들과 했던 독서 모임이 떠올랐다. 사람들은 독서 모임에 참여하는 건 좋아하지만, 운영하는 건 정말 싫어한다. 그래서 "이건 내가 잘할 수 있겠다"라는 확신이 들었다.

사실 처음부터 구체적으로 어떤 도움을 줄지까지는 정하지 않았다. 다만, 교육과 공동체라는 키워드가 중요하다고 생각했다. 이 두 가지를 잘 풀 수만 있다면, 정말 어마어마하고 위대한 일을 해낼 수 있겠다는 확신이 있었다. 결국 이런 생각들이 모여 지금의 도전을 하게 되었다.

Q. 처음에는 어떤 공동체를 만들고 싶었나? 트레바리를 만든 이유, 비전, 핵심 가치에 대해 말해달라. 아울러 "세상을 더 지적으로, 사람을 더 친하게"라는 카피를 누가, 어떻게, 왜 만들었는지 궁금하다.

일단 트레바리에 있는 큰 글씨로 나오는 카피들은 대부분 내가 쓴 것이다. 예를 들어 "무엇이든 말할 수 있지만 아무렇게나 말할 수는 없습니다." 이 문장은 커뮤니티에서뿐만 아니라 회사 내부에서도 우리가 강조하는 가치 중 하나다. 모두가 이 원칙을 지키려고 노력하고 있다.

'어떤 커뮤니티를 만들고 싶었냐?'라는 질문에 대해선, 사실 나는 늘 똑같은 답을 반복하는 사람이다. 그래서 내 대답이 엄청 참신하진 않을 수 있지만, 솔직히 말하자면 이렇다.

"트레바리를 통해 사람들이 평소에 안 해봤던 생각을 해보게 되고, 새로운 사람들을 만나게 되는 경험을 했으면 좋겠다."

예를 들어, 누군가가 '나는 분홍색 티셔츠에 노란색 모자를 쓴 사람은 다 이상한 사람일 거야'라고 굳게 믿고 있다가, 트레바리에 와서 그런 사람과 얘기를 나눠보면서 '아, 이런 사람도 멀쩡한 사람이구나' 하고 깨달을 수 있다면, 그것만으로도 가치 있다고 생각한다. 이런 작은 변화들이 쌓여 가면서 결국 트레바리가 사람들에게 새로운 생각을 하게 하고, 서로를 이해하는 계기가 되길 바란다.

그리고 나는 '동반자'라는 단어를 굉장히 좋아한다. 사람은 삶을 함께 걸어갈 동반자가 없으면 결국 혼자 남게 되면서 점점 이상해지는 것 같더라. 정말 멀쩡한 사람도 혼자 몇 년을 보내다 보면 자신도 모르게 변해버릴 수 있지 않나. 그래서 트레바리가 단순히 한두 번 만나고 끝나는 관계가 아니라, 함께 걸어갈 수 있는 사람들을 만나는 장이 되길 바랐다.

이 생각은 처음 트레바리를 시작했을 때부터 지금까지 전혀 변함이 없다.

Q. 구성원을 선정할 때 어떤 기준을 사용했나?

나만의 기준이 있지만 이 기준을 항상 적용할 수는 없더라. 예를 들어, 코로나 시기에는 우리 회사에 들어오고 싶어 하는 사람이 거의 없어서 어쩔 수 없는 상황도 있었다. 하지만 기본적으로 동료, 파트너, 친구, 연인을 포함한 모든 인간관계에서 몇 가지 중요한 기준이 있다고 본다.

1. 밝고 명랑한 사람

2. 매사에 자기 생각과 의견이 있는 사람

3. 그리고 그럼에도 불구하고 자기 생각을 바꿀 수 있는 사람

이런 기준들은 처음부터 있었던 건 아니고, 내가 사람들과 관계를 맺으면서 점차 구체화된 것 같다. 단순히 밝고 명랑하다고 해서 무조건 좋은 건 아니다. 나는 나이브하지 않은, '검증된 밝음'을 가진 사람을 더 선호한다.

밝고 명랑한 사람을 좋아하는 이유는 간단하다. 어차피 삶은 내 마음대로 되지 않는다. 누구나 힘든 순간을 겪게 되

는데, 그때야말로 진정한 성격이 드러나는 것 같다. 개인적으로 찬란한 순간보다는 힘든 순간이 더 흔하다고 느끼는데, 그런 순간에도 함께 웃을 수 있는 사람, 본래 긍정적인 성격을 가진 사람이 중요하다고 본다. 다만, 그 밝음이 단순히 온실 속 화초 같은 경험에서 나온 게 아니라, 어둠을 겪으면서도 유지된 '검증된 밝음'이길 바란다. 이런 사람들은 진정한 긍정의 힘을 가지고 있다고 믿는다.

또한, 매사에 자기 의견과 생각을 가진 사람과의 관계가 훨씬 풍요롭다고 느낀다. 나는 다른 사람에게 영향을 주기도 하고, 영향을 받기도 하며 성장하고 싶다. 그런데 상대방이 자기 의견이 없으면 그런 상호작용이 어렵다. 그래서 평면적이고 단조로운 사람보다는, 깊이 있는 생각을 가진 사람에게 더 끌린다. 이런 사람들은 'NPC(Non-Playable Character)'처럼 단순히 존재만 하는 게 아니라, 진짜로 흥미롭고 교류할 가치가 있는 사람들이다. 예를 들어, 집에서 책을 읽으면 정말 흥미로운 인물들을 만날 수 있는데, 실제 사람들과의 교류에서도 그런 매력을 느끼고 싶다.

무엇보다 중요한 것 중 하나는 자기 생각을 바꿀 수 있는 것이다. 이 일을 하면서, 한때 빛났던 사람들이 시간이 지나며 빛을 잃어가는 모습을 적잖게 봤다. 그런 사례를 접할 때마다 느끼는 건, 지속적으로 변화하고 성장하며 스스로 궤도 위에 올라설 수 있는 사람이 정말 중요하다는 점이다. 한때 주목받는 게 중요한 게 아니라, 시간이 지나도 자기만의 유연성과 성장 가능성을 유지하는 사람이 가치 있다고 생각한다.

마지막으로, 타인의 입장에서 생각할 수 있는 능력도 매우 중요하다고 본다. 모두가 서로 다른 사람들이니까, 아무리 잘 맞아도 충돌할 때가 있다. 예를 들어, 부부 사이에서도 간단한 이해관계 차이로 갈등이 생길 수 있다. 한 사람이 배고프고 다른 사람은 배가 부르다면, 식사 시간을 조정하는 문제에서도 충돌이 생긴다. 이런 상황에서 타인의 입장을 고려하지 못하는 사람과의 관계는 조율하기가 쉽지 않다. 나는 상대방의 입장을 이해하려는 노력과 함께 유연하게 대처할 줄 아는 사람과 관계를 맺는 것이 더 깊고 의미 있는 교류를 가능하게 만든다고 생각한다.

Q. 트레바리는 관심사, 가치관, 취향이 비슷한 사람들을

연결한다고 알고 있다. 이런 연결을 위해 특별히 신경 쓰는 부분이 있나?

나는 항상 '이런 사람 오세요', '이런 사람은 오지 마세요' 같은 메시지를 상세 페이지에 최대한 잘 표현하는 게 중요하다고 생각한다. 그래서 동료들에게도 상세 페이지 작업에 공을 들여야 한다는 이야기를 자주 한다. 트레바리는 상세 페이지에 꽤 많은 투자를 하는 편이다. 물론 완벽하다고는 할 수 없지만, 충분히 좋은 페이지를 만들기 위해 늘 노력하고 있다.

클럽장이 아주 유명하거나 셀럽처럼 인지도가 높은 분이라면, 그 자체로 사람들을 모으는 힘이 있을 수 있지만 대부분의 클럽은 그렇게까지 특별한 조건을 갖추고 있지 않다.

그래서 상세 페이지를 통해 그 클럽만의 매력을 보여주고, 그 안에서 사람들이 무엇을 기대할 수 있는지, 또 기대해서는 안 되는 것은 무엇인지 명확히 알려주는 게 중요하다고 본다. 만약 이런 설명 없이 사람들을 모집하면, 참여자들이 막연히 기대한 것과 실제 경험이 다를 수 있다. 그런 경우에는 결국 모두가 만족하지 못하는 상황이 발생할 가능성이 높다. 상세 페이지는 클럽의 매력을 알리고, 참여자들과 클럽의 기대치를 맞추는 데 핵심적인 역할을 한다고 생각한다.

Q. 트레바리에서 클럽장 섭외가 많이 중요할 것 같다 클럽장은 어떤 과정을 통해 선발하나?

트레바리에서는 클럽장을 모셔 오는 담당자들의 재량이 굉장히 중요하다. 다만 나와 우리 팀이 던지는 핵심 질문이 있다. '이 사람이 만드는 콘텐츠, 이 사람의 생각, 문제의식은 장기적으로 또는 거시적으로 봤을 때 왜 세상에 도움이 되고, 왜 의미가 있는가?'라는 질문이다. 담당자가 이 질문에 대해 자신 있게 답할 수 있다면, 그 의견을 존중하고 보호하려고 한다. 왜냐하면 나와 생각이 다른 경우도 많고, 내가 잘 모르는 분야일 수도 있기 때문이다. 이게 우리의 기준이다. 우리는 이걸 '롱텀 앤드 라지 스케일(Long term & Large scale)'이라고 부른다.

클럽장이 없는 경우에는 '파트너'가 그 역할을 대신하기도 한다. 파트너는 트레바리의 정식 직원은 아니지만, 파트타임으로 참여해 클럽 진행을 보조하는 역할을 한다. 이런 구조

덕분에 클럽장이 없어도 일정 수준 이상의 퀄리티를 유지할 수 있다.

Q. 트레바리 구성원 혹은 독서 모임에서 구성원을 잘못 선발해 어려움을 겪은 적이 있나?

그런 경험은 당연히 있다. 잘못하면 어쩔 수 없이 결단을 내려야 한다고 생각한다. 사람이든 뭐든 마찬가지다. 연인이면 헤어져야 하고, 직원이라면 해고해야 하며, 친구라면 손절할 수밖에 없다고 본다. 물론 이별을 너무 쉽게 생각하는 사람과 가까이하는 건 안 되지만, 동시에 너무 두려워하는 사람과도 가까이하면 안 된다고 생각한다.

Q. '트롤 보존의 법칙'을 알고 있나? 트롤을 필터링하는 구체적인 방법과 모임을 긍정적으로 유지하는 팁을 공유해달라.

두 가지가 있다고 본다. 하나는, 만남의 실패를 예방하는 방법은 사실상 없다는 점이다. 대신 문제가 발견되었을 때 그를 내보내는 과정이 중요한데, 한국에서는 이별 프로세스를 부정적으로 보는 경향이 있는 것 같다. 그래서인지 일을 못하는 사람에 대한 명확한 척도도 잘 없는 편이다. 뭔가 좋게 좋게 마무리하려는 분위기가 기업 환경이든 인간관계든 여전히 강하게 남아 있다고 본다. 이런 분위기가 많은 사람들의 선의를 가볍게 만들 수 있다고 생각하기에, 트레바리에서도 늘 고민하고 있는 것 중 하나다. 어떻게 하면 단호하게 맞지 않는 사람을 정리할 수 있을까? 실제로 이런 문제는 빈번하게 발생한다.

두 번째는 같은 사람이라도 환경에 따라 행동이 달라진다는 점이다. 똑같은 사람도 왁자지껄한 호프집에서는 목소리가 커지지만, 호텔 바에서는 젠틀해진다. 이런 차이가 결국 문화의 힘이라고 생각한다. 어떤 종류의 문화적 압박, 이른바 컬처(Culture)의 힘을 만들어내는 것이 우리의 과제라고 본다.

최근 들어 퀴즈 클럽이 늘어나고 있는 추세다. 클럽마다 분위기가 다를 수 있다고 본다. 어떤 클럽은 수더분하고 젠틀한 사람들이 모였으면 좋겠다고 생각하는 반면, 어떤 클럽은 조금 무례하더라도 톡톡 튀는 사람들이 와서 자유롭게 소통하는 걸 선호하기도 한다. 전체 커뮤니티를 아우르는 원칙은 가능하면 단순하게 유지하고 싶다. 초창기에는 19만 원이라는 금액을 내고 들어오는 사람들이 다소 특별한, 어찌 보면 미친 사람들 같다고 느껴졌다. 하지만 지금은 이게 하나의 프로덕트로 자리 잡으면서, 문화생활의 일부가 되어버렸다. 그러다 보니 가격 외의 새로운 종류의 필터가 필요한 시점도 있을 수 있다고 본다. 다만, 현재로서는 퀴즈 외에는 별다른 필터링 방식이 없는 상태다.

결국 커뮤니티에서는 인플로우(Inflow)와 아웃플로우(Outflow)를 통제하는 과정이 중요하다고 생각한다. 인플로우를 통제하는 방식이 퀴즈라면, 아웃플로우는 예를 들어 특정 클럽에서 나가게 하는 방식이 될 수 있다. 다만 우리는 정부가 공공기관이 아닌 일개 사기업이기 때문에, 합리적인 절차뿐만 아니라 법적인 부분을 포함해 많은 것을 고려해야 할 것이다.

Q. 대표나 클럽장이 좋은 공동체를 만들기 위해 피해야 할 요소는 무엇인가? 최악이라고 생각하는 리더의 모습을 말해 달라.

리더십이라는 건 결국 세 가지로 요약된다고 본다. 어디로 가야 할지를 정하고, 그것을 구성원들에게 설득하며, 누구와 어떻게 함께 갈지를 결정하는 것. 경영 용어로 표현하자면 비전(Vision)과 팀 빌딩(Teambuilding) 같은 것들이라고 할 수 있다. 그리고 무엇보다, 이 과정을 게을리하지 않아야 한다.

인간은 본능적으로 이런 것을 쉽게 게을리하도록 설계되어 있다고 생각한다. 비전을 정한다는 것은 단순히 목표를 설정하는 게 아니라, 그 목표를 이루기 위해 다른 가능성을 배제하는 결정을 내리는 일이기도 하다. 이 배제에는 용기가 필요한데, 틀릴 수 있다는 두려움 때문이다. 하지만 리더로서 가장 큰 실패는 결정을 하지 않으면서 비롯된다고 생각한다.

비전을 결정하지 않는 것, 해고를 결정하지 않는 것, 갈등을 중재하지 않는 것, 이 모든 것이 결국 회피라고 본다. 이런 회피가 리더의 직무 유기라고 생각한다. 리더는 직면하는 사람이어야 한다.

보통 리더에게 올라오는 문제는 명확한 정답이 없는 경우가 많다. 만약 정답이 명확한 문제였다면, 이미 다른 단계에서 해결됐을 것이다. 리더는 본질적으로 불확실한 상황에서 위험을 동반한 결정을 내리는 사람이다. 그것이 싫다면, 그 자리를 내려오는 것이 맞다고 본다. 리더는 사람을 평가하고, 때로는 처분을 결정해야 하며, 또 틀릴 수도 있다. 이 부담을 감당하기 어렵다면, 팔로워라는 역할도 충분히 매력적인 선택지가 될 수 있다고 본다.

나도 트레바리 팀의 리더로서 항상 이런 원칙을 지키려고 노력한다. 하지만 솔직히 말하면, 말처럼 쉽지는 않다. 나 역시 부족한 부분이 많다. 그렇지만 중요한 것은, 늘 직면하고 결단하려는 자세를 유지하려는 노력이라고 생각한다.

Q. 트레바리 독서 모임 초기, 트레바리는 구성원 간의 친밀감을 형성하기 위해 어떤 노력을 기울였나? 어떤 시스템적 장치를 도입했나?

나는 시스템 같은 건 언제나 나중에 생각해야 한다고 본다. 왜냐하면 상황마다 다를 수 있고, 우리는 처음부터 없던 산업에서 시작했으니까. 완전히 새로운 길을 개척할 때는 처음부터 시스템에 초점을 맞추기보다는, 일단 되는대로 실행해 보고, 그 방식이 잘 작동하는지 확인하는 게 우선이라고 생각한다. 그 이후에야 그 과정을 어떻게 더 편리하게 만들 수 있을지를 고민하는 게 맞는 순서라고 본다.

무엇이 될지조차 모르는 상태에서 시스템부터 구축하려다 보면, 그것이 실패했을 경우 그간의 모든 노력이 수포로 돌아갈 위험이 크다고 생각한다. 그래서 시스템에 대한 고민은 가능한 한 뒤로 미루고, 먼저 결과를 만들어내는 데 집중하는 편이다.

예전을 돌이켜 보면, 나는 크게 두 가지 방법을 자주 사용했던 것 같다. 첫째는 '센스 있게 떼쓰기'다. 예를 들어, 어떤 사람은 뒤풀이에 가기 싫어하고, 어떤 사람은 가고 싶어 한다. 이 두 그룹을 모두 만족시키는 가장 좋은 방법은, 센스 있게 자연스럽게 참여를 유도하는 것이다. 술을 좋아하지 않는 사람도 부담 없이 잠깐 들를 수 있도록 하고, 밤새 딜리고 싶은 사람들에게는 그들만의 추억을 만들어줄 수 있는 분위기를 조율하는 것이다.

반면에 "술 마시기 싫어하는 사람이 있으니 그냥 깔끔하게 헤어지자"라고 하면, 커뮤니티의 에너지가 약해질 수 있다고 본다. 그래서 "우리는 가는 거다, 같이 해보자"라고 한 번쯤 이야기해 보는 게 필요하다고 생각한다. 사람들에게는 존중받고 싶은 마음과 리드당하고 싶은 마음이 함께 있는 것 같다. 다 같이 뒤풀이를 하고 놀다가 새벽까지 웃고 떠들며, 다음 날 피곤한 상태로 출근했지만 단톡방에서 "어제 진짜 미친 거 아니야?"라며 이야기꽃을 피우는 걸 보면, 그때의 추억이 다시 에너지가 된다. "죽을 것 같아, 하지만 진짜 재밌었어"라는 말이 나오면, 그런 순간들이 결국 커뮤니티를 단단하게 만들어준다고 본다.

둘째는 MC의 캐릭터 라이즈(Characterize) 능력이다. 어떤 사람은 까칠한 성격을 가지고 있거나 존재감이 약할 수 있다. 하지만 그 사람의 특징을 잘 살리면, 까칠한 말투가 오히려 귀여운 매력으로 느껴지거나 독특한 캐릭터로 자리 잡을 수 있다. 중요한 건, 그 사람만의 특성을 커뮤니티 안에서 돋보이게 만들어주는 것이다.

초창기에는 내가 직접 사람들을 관찰하면서 그들의 매력을 찾아내고, 캐릭터를 부여하려고 노력했다. 뚜렷한 특징이 없는 경우에도 신체적 특징이나 작은 요소들을 끄집어내어 사람들 사이에서 친밀감을 형성하게 만들었다. 존재감이 부족한 사람도 커뮤니티 안에서 특별한 캐릭터로 자리 잡을 수 있도록 했다. 누구나 매력적으로 보이게 만들어주는 것이 MC의 중요한 역량이라고 생각한다.

Q. 어떤 분위기를 만들고 싶었나? 어색해하는 구성원이 적극적으로 참여하도록 유도하는 방법은 무엇인가?

사람들은 준비된 모습을 보여주고 싶어 한다. 뭔가 말하고 싶긴 한데, 다른 사람들 앞에서 이야기하면 창피할 것 같아서 말을 안 하는 경우가 많다.

이럴 때 나는 키워드 하나, 버튼 하나를 툭 찔러주듯 던져주는 역할을 하려고 한다. 예를 들어, 적절한 넛지가 있을 때 어떤 사람이 갑자기 "맞아! 내가 하고 싶었던 말이 바로 그거야!"라며 자연스럽게 대화에 참여하게 되는 순간이 있다. 그런 방식으로 사람들의 이야기를 끌어내는 장치를 마련하려고 노력했다.

사실 모든 사람은 발화자가 되고 싶어 하는 욕구를 가지고 있다고 생각한다. 다만, 그 욕구를 실제로 표현하려면 용기가 필요한데, 그 용기를 만들어주는 것이 리더의 역할이라고 본다. 리더는 그런 순간을 만들어내고, 사람들의 목소리가 자연스럽게 흘러나올 수 있도록 돕는 역할을 해야 한다고 생각한다.

Q. 클럽장으로서 리더십 발휘를 위해 가장 중요한 덕목은 무엇이라고 생각하나?

클럽장의 리더십은 일반적인 리더십과는 좀 다를 수 있다고 본다. 클럽장은 조직의 리더라기보다는 콘텐츠를 제공하는 프로바이더의 역할에 가깝다. 그래서 나는 클럽장을 리더라고 규정하진 않는다.

클럽장에게 필요한 덕목이 무엇인지에 대해서도 의도적으로 많이 생각하지 않으려고 한다. 왜냐하면 개별 클럽장이나 담당자가 추구하는 방향과 가치를 보면, 정말 다양하기 때문이다. 각자 중요하게 여기는 게 다 달라서, 내 개인적인 생각을 굳이 드러내지 않는 편이다.

예를 들어, 어떤 클럽장을 모셔 오는 담당자는 숫자를 채우는 데서 재미를 느낀다. 팔리는 클럽을 만들어내고, 상세 페이지를 예쁘게 뽑아 사람들이 몰려오게 하는 데 집중하는 친구들도 있다. 반면, 어떤 담당자는 "내가 꽂혀야 돼, 나도 재미있어야 돼"라고 생각하는 아티스트 같은 스타일의 사람도 있다. 또 어떤 담당자는 굵직굵직한 인물들을 섭외하는 데 공을 들이고, 시간이 걸리더라도 큰 한 방을 터뜨리는 걸 좋아하기도 한다. 그리고 어떤 사람은 단순히 회사에 "이만큼 수익을 냈다"라는 성과를 보여주는 데 보람을 느끼기도 한다. 정말 다양하다.

경영자의 입장에서 나는 담당자들이 어떤 취향을 가지고 있더라도, 최소한 이 정도 수준의 성과는 달성해야 한다는 큰 틀에서의 가이드는 제시한다. 하지만 그 외에는 가능하면 자유도를 주려고 한다. 회사라는 건 고객에게 좋은 제품을 제공하는 동시에, 직원들에게도 좋은 일터를 제공해야 하는 공간이라고 본다. 개개인이 트레바리라는 플랫폼에서 단순히 부품처럼 소비되는 게 아니라, 자신의 자아를 가지고 활동할 수 있는 여지를 만들어주는 게 중요하다고 생각한다.

그래서 클럽장은 이래야 한다는 명확한 규정을 특정 시점부터는 일기장 외에는 어디에도 쓰지 않기로 했다.

Q. 트레바리를 통해 개인적으로 배운 점이나 느낀 점이 있다면 무엇인가?

삶은 정말 아름답다고 생각한다. 이게 꼭 트레바리 때문인지는 모르겠지만, 살아 있다는 건 참 좋은 것 같다. 아직 망하지 않았잖나. 얼마나 다행인가 싶다. 그런 감사함이 항상 있는 것 같다. 또 여러 가지가 있겠지만, 원래 인생은 내 뜻대로 되지 않는다는 것도 크게 느낀다.

나는 언제 내가 나를 좋아할 수 있는지, 그 기준을 꽤 잘 아는 편이다. 집에 가서 세수를 하고, 자기 전에 거울을 딱 봤을 때, "그래, 지금 내 모습이 기특하고 예쁘다"고 느껴야 한다고 생각한다. 반대로, 내가 나를 예뻐하지 못하거나 한심하게 여긴다면, 그게 삶에서 뭔가 잘못된 신호라고 받아들인다. 그것을 기준으로 의사결정을 많이 하는 편이다.

이런 감각은 갑자기 생기는 게 아니라 어느 날 문득 인지할 뿐, 사실은 내 삶이 천천히 그 방향으로 흘러가고 있었던 거다. 그리고 그걸 깨닫는 순간, "어? 내가 언제 이렇게 됐지?"라는 생각이 들기도 한다. 그래서 그런 순간들을 방지하려면, 용기를 내지 않고는 안 된다고 느낀다.

Q. 트레바리를 창업하고 가장 많이 배운 핵심 가치는 무엇인가?

트레바리를 창업하면서 배운 가장 큰 가치는 '용기'라고 본다. 새로운 것을 시도할 용기, 때로는 이별할 용기, 그리고 스스로를 믿고 앞으로 나아갈 용기다. 이 용기가 없었다면 트레바리는 지금처럼 성장하지 못했을 거다.

Q. 윤수영 대표는 위대함을 추구하는 사람인가? 윤수영 대표가 생각하는 위대함은 무엇인가?

나는 위대함을 추구하는 사람이라고 생각한다.

어떤 것이 '역사적'이면 위대하다고 느낀다. 오랜 시간이 지나도 여전히 후대의 입장에서 되새길 만한 가치가 있다고 여겨지는 것, 그런 역할과 형태가 바로 역사적인 삶이라고 본다.

예를 들어, 16세기 네덜란드가 전 세계를 떠들썩하게 했을 때, 당시 돈을 제일 많이 번 귀족이 있다고 해서 그가 역사적인 삶을 살았다고 보기는 어렵다. 아마 그런 사람들이 지금 이 세상에도 많을 거다. 월가에서 3조 원을 벌고, 아주 많은 사람들이 그처럼 되고 싶어 하는 펀드 매니저가 있어도, 그가 역사적으로 의미 있는 삶을 살고 있다고 보기는 어렵다. 나는 그런 기준으로 삶을 판단한다.

당시 돈을 가장 많이 벌었던 귀족 중 한 사람이 가난하고 이름 없던 화가를 후원했는데, 그게 라파엘로나 베르메르 같은 사람들이었다고 하면, 우리는 그들의 작품 이름은 몰라도 그들의 이름은 들어봤잖나. 그들은 역사적인 삶을 산 거다.

나는 꼭 이름을 남겨야 한다는 집착은 없지만, 500년 뒤에도 어떤 사람이 나를 되새길 만한 가치가 있다고 생각할 만한 선택과 결정을 하고 있는지 고민한다. 내가 보내는 시간과 내가 내리는 결정들이 그런 장면을 만들어내고 있는지 스스로에게 묻곤 한다.

결국 내가 정의하는 위대한 삶이란 그런 것이다. 역사적으로 의미 있는 흔적을 남기는 삶, 후대의 시선에서 되새김의 가치를 지닌 삶을 사는 것. 그런 삶을 살고 싶기에 항상 그 방향으로 생각하고 선택하려고 노력하는 것 같다.

Q. 윤수영 대표가 생각하는 좋은 공동체란 무엇인가?

공동체, 회사가 존재하는 이유를 두 가지로 본다면, 좋은 제품을 만들어 고객에게 기여하고, 좋은 일터를 만들어 직원에게 기여하는 것이라고 생각한다. 회사라는 공동체는 결국 외부에는 제품으로 기여하고, 내부에는 안정과 평화, 그리고 위로 같은 것을 제공하는 역할을 한다고 본다. 구성원들에게는 안정과 평화를 주고, 그들이 가진 긍정적인 에너지가 외부로 확산될 수 있는 구조가 좋은 회사의 포인트라고 생각한다.

물론, 공동체라는 것이 무조건 긍정적인 방향으로만 작용하지는 않는다고 본다. 예를 들어, 전두환의 신군부 같은 경우를 보면, 내부적으로는 그들만의 강한 커뮤니티였을 거다. 하지만 결과적으로 그 공동체가 외부에 끼친 영향은 음의 방향으로 흘렀을 것이다. 내부의 구성원들조차 결국은 그 시스템 속에서 소모되고 두려움을 느꼈을 가능성도 있겠고.

그래서 공동체를 평가할 때는 내부와 외부 모두를 함께 봐야 한다고 생각한다. 내부적으로 긍정적인 에너지를 키우고, 그것이 외부에도 좋은 영향을 끼칠 수 있는 구조를 만드는 게 중요하다고 본다. 나는 가급적이면 나와 다른 것들에 대해서 관대하게 바라보는 것이 모두에게 좋다고 생각한다. 왜냐하면 공동체 내부에서 형성된 에너지가 결국 외부로 퍼져 나가기 때문이다.

예를 들어, 정기적으로 모여 포커를 치는 친구들이 있다고 해보자. 그들이 그 안에서 형성한 코드나 감수성 같은 것들이 결국 각자의 일터, 관계, 연인에게도 영향을 미칠 수밖에 없다. 정준영 사건에서도 보았듯, 내부적으로는 자기들끼리 재밌게 놀았다고 해도 거기서 학습된 어떤 감수성, 타인을 도구화한다든가 하는 태도 등이 외부로 영향을 끼쳤다.

결국 공동체라는 건 내부와 외부 모두를 고려해야 하고, 그 안에서 구성원들이 긍정적인 감수성을 키울 수 있는 환경을 만들어야 한다고 본다. 회사도 그런 방향성을 가진 공동체가 되어야만 진정으로 좋은 회사가 될 수 있다고 믿는다.

Q. 앞으로의 계획이나 목표는 무엇인가?

'세상을 더 지적으로, 사람들을 더 친하게'라는 비전과 통하기만 한다면 뭐든 할 수 있다고 생각한다. 실제로 지금 우리 팀에는 기회만 되면 다양한 걸 해보고 싶어 하는 분들이 많이 계신다.

내가 하고 싶은 것 중 하나는 공간적으로 오프라인 이슈를 해결하는 거다. 그리고 우리가 B2C (Business-to-Consumer) 모델로만 운영하고 있다는 점에 대해 아쉬움을 느끼고 있다. 현재는 비용을 낼 수 있는 사람들만 독서 모임 서비스를 이용할 수 있다는 제한이 있지 않나. 그래서 B2G(Business-to-Government) 모델도 한번 해보고 싶다.

예를 들어, 철원이나 목포처럼 독서 문화가 활발하지 않은 지역에서도 독서 모임이 가능하다면 얼마나 좋을까? 단순히 저소득층을 위한 것이 아니라, 굳이 돈을 내고 독서 모임에 참여해야 할 이유를 느끼지 못했던 사람들도 이런 경험을 해볼 수 있다면 좋겠다는 생각을 하고 있다.

이런 것들이 내가 꼭 해보고 싶은 이야기고, 언젠가는 실현해 보고 싶은 비전이기도 하다. 독서를 통해 더 많은 사람들이 연결되고, 지역이나 경제적 제약 없이 모두가 커뮤니티의 가치를 경험할 수 있는 환경을 만들어보고 싶다.

Q. 공동체를 만들려고 하는 사람들(예: 다른 리더들이나 독서 모임 클럽장들)에게 해주고 싶은 조언이 있다면 무엇인가?

나는 '내가 이걸 왜 하고 싶지?'에 대해 깊이 고민하는 게 정말 중요하다고 본다. 사람들은 종종 자신이 무엇을 원하는지, 어떤 욕망 때문에 행동하고 있는지 정확히 알지 못한다. 이를 직면하는 게 중요하다. 스스로의 민낯을 마주할 수 있어야 한다.

더 많은 이야기가 궁금하시다면?
QR 코드를 스캔해 확인해 보세요.

세 번째 인터뷰- 임태윤 대표

"함께 배우며 성장하는 팀을 만들고 싶었다"

심플키친 임태윤 대표 이야기

소개

임태윤 대표는 국내 최초 배달 전문 공유 주방 플랫폼 '심플키친'의 창립자이자 CEO다.

영국 에든버러대에서 재무학을 전공한 그는 금융업 1년 경험 후 창업을 결심했다. 어린 시절 미국에서 학창 시절을 보낸 그는 한국 음식에 대한 애정을 바탕으로 외식업에 관심을 키웠고, 2018년 미국 '고스트 키친' 모델을 벤치마킹해 역삼동에서 첫 번째 심플키친을 시작했다. 심플키친은 외식업 창업자들에게 주방 설비와 행정 지원을 제공해 사업에 집중할 수 있는 환경을 마련했다. 2019년, 창업 2년 만에 심플키친을 우버 창업자 트래비스 캘러닉에게 매각하며 그 가치를 인정받았고, 2020년에는 포브스가 선정한 30세 이하 리더로 주목받았다.

그는 짧은 시간 안에 많은 입주 업체와 팀원들이 서로 잘 협력할 수 있는 공동체를 만들어 사업을 키워냈다. 다양한 업체를 하나로 모아 함께 성장하도록 이끈 그의 경험이 좋은 공동체를 만드는 데 큰 배움이 될 것 같아 인터뷰를 진행했다.

인터뷰

Q. 최근 새로운 사업을 진행하신다고 들었다. 과거에 어떤 사업을 했고, 지금 만든 공동체가 어떤 것이고 그 공동체의 비전이나, 추구하는 게 있나?

나는 이전 심플키친이라는 사업을 매각한 후 4년간 시티 스토리지 시스템즈(회사명은 CSS, 미국 내 서비스명이 클라우드 키친)라는 글로벌 회사에서 일하면서 많은 것을 배웠다. (그가 창업한 심플키친을 CSS가 인수했다) 당시 나는 우버 창업자 트래브 스칼라닉과 그를 따르는 훌륭한 인재들과 함께 일하는 모습을 보며, 나 자신도 더 큰 사업을 이끌 수 있다는 기대를 갖게 되었다. 자연스럽게 100조 원 규모의 회사를 만드는 꿈을 꿨다.

초창기에는 스마트폰 보급 이후 우버와 같은 유니콘 기업들이 탄생하는 과정을 보며, 10년 전부터 미래가 어떻게 바뀔지 예측하고 준비하는 게 좋다고 판단해 다른 사업에도 도전했다. 하지만 실제로 1년 넘게 진행해 보니 당장의 수요가 부족하고, 시장 상황이 많이 달라졌다는 것을 느꼈다. 10년 후의 미래를 바라보는 것도 좋지만, 그 전제는 실제 가설 검증을 통해 이익을 내야 가능하다는 사실을 깨달았다. 현실적으로 먼저 당장 이익을 낼 수 있는 사업을 해야겠다고 판단했다. 그래서 단기 목표로 50억 원의 이익, 약 500억 원의 매출을 목표로 설정했다. 이는 기술 발전이 아직 충분히 반영되지 않은 전통 산업에서 기회를 찾고, 실제로 검증된 비즈니스 모델을 만들어 내자는 목표였다.

그래서 나는 방향을 피봇팅 해, 현재 진행 중인 새로운 사업은 자동차 부품 유통 시장이다. 부품 가격이 국가마다 크게 달라 소비자와 정비소가 정보를 찾기 어렵다. 이를 데이터와 이미지 인식 기술로 자동화해 효율적으로 해결하고자 했다. 이 분야는 오랜 시간 변화가 없던 올드한 시장으로, 국가별 또는 지역별 판권 문제 등으로 체계적인 시스템이 없었기에 큰 기회라고 판단했다.

그래서 내 비전은 세상에 이로운 영향을 끼치는 사업을 만드는 것이다. 단기적으로는 지금 당장 이익을 내며 성장하고, 장기적으로는 기술을 접목해 전통 산업을 혁신하는, 더 큰 목표를 향해 나아가고자 한다. 이렇게 차근차근 경험을 쌓으면서, 미래에 더 큰 조직을 이끌 수 있는 역량을 갖추려 노력하고 있다.

Q. 어떤 계기로 심플키친을 만들었나? 사업을 위해? 아니면 요리에 관심이 많아서? 과정을 말해달라.

내가 심플키친을 시작하게 된 계기는 요리에 대한 개인적인 관심보다는 어릴 적부터 품어온 '사업가가 되고 싶다'는 열망과 세상의 불평등을 지속 가능한 비즈니스 모델로 평등하게 만들고자 하는 꿈 때문이다.

어렸을 때부터 '20년 뒤에 내가 뭘 하고 싶을까?'라는 고민을 많이 했고, 아버지의 영향으로 사업에 대한 관심이 컸다. 당시 나는 단순한 자선사업이 아니라, 저소득층에게 무담보 대출을 해주는 방글라데시 그라민 뱅크 같은 마이크로파이낸스 모델을 보며, 모두가 같은 출발점에 있다면 많은 사람들이 더 큰일을 할 수 있을 것이라고 생각했다. 그때부터 나는 세상에 이로운 영향을 끼치고 싶었고, 자연스럽게 사업가가 되겠다는 목표가 생겼다.

더 단기적으로는 파이낸스와 주식에 깊은 관심이 생겼다. 중학교 2학년 때 주식 투자에 처음 도전하며 투자에 몰입했지만, 시간이 지나면서 단순한 차트나 수치만으로는 한계가 있다는 것을 깨달았다. 대학에 들어가 어카운팅과 파이낸스를 전공하고, ING뱅크 인턴십을 통해 증권사의 투자 결정 과정—수학적 알고리즘에 의존하는 방식—을 접하면서, 나는 '회사가 돈을 어떻게 버는지 직접 경험하고 싶다'는 확신을 얻었다. 붕어빵 장사라도 옆집보다 잘해보고 싶을 정도로 말이다.

그 후 대학교 시절, 창업 동아리 활동과 함께 아이템 검증을 시작했다. 엑셀에 미팅, 행사, 느낀 점들을 한 줄 한 줄 기록하며 사업에 대한 가치관을 설정했고, 총 60여 개의 아이템을 검증했다. 그중에서 시장 조사와 VC 인터뷰 등 객관적인 피드백을 통해 2주일 이상 검증한 아이템은 겨우 5개 정도였다. 나는 기술은 있었지만 전통 산업에 제대로 적용되지 않아 비효율적인 부분을 개선하고 싶었다. 공유 우산이나 기부 플랫폼 같은 아이템들도 시도해 봤지만, 시장 검증을 거치면서 불확실성이 컸다. 그러던 중 공유 주방 아이템은 한 달 반의 시장 검증을 통해 5배 이상의 확신이 들었고, 해외에서 이미 주목받던 사업 모델이라는 점에 매력을 느꼈다. 국내에는 경쟁사로 배달의 민족 계열의 배민 키친 정도밖에 없던 상황이었기에, 나는 이 아이템을 2017년 9월쯤 확정하게 됐다.

졸업 후 1년 정도가 지났을 때 주변 어른들은 취업 준비를 하라는 반대 의견을 많이 했지만, 나는 오히려 사업을 통해 나 자신을 증명해야 한다는 의지가 강해졌다. 내가 할 수 있는 모든 것을 다 시도하고 후회 없이 경험을 쌓아야 한다고 생각했기 때문이다.

결국 2018년 2월, 공유 주방 1호점에 대한 부동산 계약을 체결하며 법인도 설립했다. 당시에는 두려움도 컸고, 법인 설립 3주 전까지 면접을 보러 다니기도 했다. 첫 팀원은 아이템에 공감했던, 나보다 7살 연상인 분이었는데, 그는 풀타임은 아니었지만 파트타임으로 8개월 동안 월급 없이 함께해 줬다. 초기 멤버 3명이 모두 내게 큰 귀인이 되어, 내 부족함을 채워줬다.

요약하면, 심플키친을 만든 것은 요리 자체에 대한 열정보다는 어릴 적부터 품어온 사업에 대한 고민, 세상의 불평등을 개선하고자 하는 목표, 그리고 금융과 창업에 대한 경험과 확신에서 비롯된 결과다. 내가 할 수 있는 것을 다 시도해 보고, 전략적이고 합리적으로 사업을 진행하고자 하는 마음이 심플키친의 시작이었다.

Q. 심플키친을 시작할 때, 어떤 공동체를 만들고 싶었나? 단순히 주방을 제공하는 것 외에도 공동체를 형성하려는 의도가 있었나? 심플키친의 비전이나 그 과정에서 가장 중요한 점은 무엇이었나?

내가 심플키친을 시작할 때 가장 중요하게 생각했던 건, 나 자신이 부족한 점이 많다는 사실이었다. 그래서 나는 수평적으로 함께 배울 수 있고, 서로에게 가르쳐 줄 수 있는 마인드 셋을 가진 사람들이 모인 공동체를 만들고 싶었다. 스스로의 부족함을 인정하면서, 그 부족한 점을 오히려 강점으로 전환할 수 있는 사람들, 그리고 "넌 대표니까 당연히 알아야지" 같은 위계적인 태도가 아니라, 서로 겸손하게 배워나갈 수 있는 자세를 가진 사람들이 모여야 한다고 믿었다.

심플키친은 2018년 4월에 공유 주방 사업으로 론칭했는데, 당시 공유 주방이라는 콘셉트 자체가 우리나라에서는 거의 생소한 개념이었다. 예를 들어, 네이버에서 공유 주방 검색량이 한 달에 300회에 불과했지만, 약 이년 뒤 국내에서 공유 주방이 매우 많이 알려진 뒤에는 검색량이 한 달에 4만 회 정도였다. 그래서 초기에 아무리 많이 영업을 해도 이 콘셉트을 사람들에게 설득하기가 매우 어려웠다.

그런 상황 속에서 나는 단순히 주방 공간만 제공하는 것이 아니라, 우리나라의 소상공인들이 이 공유 주방을 통해 창업하는 것이 당연하게 느껴질 만큼, 합리적이고 센스 있는 비즈니스 모델을 만들고 싶었다. 결국, 내 목표는 부족함을 인정하고 서로 배우며 성장하는 수평적인 공동체를 통해, 소상공인들이 쉽게 창업할 수 있는 환경을 만드는 것이었다.

Q. 공동체의 구성원을 선발할 때 가장 중요하게 보는 요소는 무엇인가?

내가 공동체 구성원을 선발할 때 가장 중요하게 보는 요소는 단순히 회사에 충성을 다해 월급을 받으러 오는 사람이 아니라, 자기 성장에 진심으로 갈망하는 사람이다. 내가 찾는 인재는 자신을 위해, 자신의 계발과 발전을 위해 일하고자 하는 사람이다. 물론 회사의 성장이 개인의 성장과 일치해야 한다고 생각하지만, 그 출발점은 바로 개인의 성장에 대한 열정이다.

구체적으로 말하면, 면접에서 "왜 여기까지 커리어 패스를 밟았는지" 같은 질문을 통해, 그 사람이 자신의 성장 과정에서 어떤 도전과 질문을 많이 했는지, 그리고 어려운 상황에서 팀을 위해 자신의 주장을 굽힐 줄 아는지를 파악할 수 있다. 논리적이고 합리적인 사고를 바탕으로 자신이 부족한 부분을 인정하고, 그 부족함을 극복하기 위해 끊임없이 질문하며 도전하는 사람이 가장 이상적이라고 본다.

또한, 공동체 내에서 발생하는 트러블이나 갈등 상황을 어떻게 극복했는지에 대한 경험을 통해, 단순히 자기 이익을 넘어서 팀의 감정과 성장에 기여할 수 있는지 확인한다. 결국, 개인의 성장이 회사의 성장으로 이어질 수 있도록, 스스로 발전을 위해 도전하고 질문하는 사람, 그리고 필요에 따라 팀을 위해 자신의 의견을 포기할 줄 아는 사람이 내가 선발하고 싶은 인재다.

내가 동아리나 파티 같은 공동체를 구성할 때의 경험에서도 이러한 요소를 중요하게 본다. 예를 들어, 매년 파티를 열 때마다 내가 고민하는 부분은, 관심 분야가 비슷하고 자기 커리어에 열정을 가진 사람들로 구성된 모임을 만드는 것이다. 이런 모임에서는 사람들이 서로 스파크를 튀기며 활발하게 대화할 수 있어야 한다. 내 경험에 따르면, 이상적인 파티 인원은 최소 25명에서 최대 60명 사이가 적당하다. 만약 인원이 8~20명처럼 너무 적으면 지역 방송처럼 제한된 대화만 이뤄지고, 60명을 넘게 되면 처음 인사한 사람들끼리만 어울리는 경향이 있어 전체적인 네트워킹 효과가 떨어진다. 따라서 나는 공동체를 구성할 때, 적은 수의, 그러나 강한 네트워크를 형성할 수 있는 사람들—즉, 자신의 성장을 위해 진심으로 노력하며, 질문하고 도전하는 아웃고잉한 사람들을 선호한다. 물론 내향적인 사람들도 소중하지만, 때때로 팀 전체의 분위기를 이끌어갈 수 있는 아웃고잉한 구성원이 반드시 필요하다고 생각한다.

Q. 트롤 보존의 법칙이란 게 있는데 (많은 사람 중엔 분명 문제를 일으키는 사람이 있다) 공동체 내에서 문제를 일으키는 구성원을 뽑지 않거나 관리하는 노하우가 있나?

나는 선발 단계에서 레드 플래그가 하나라도 보이면 절대 뽑지 않는 원칙을 고수한다. 예를 들어, 한 번의 면접을 통해 그 사람이 어떠한 도전 과제를 어떻게 극복했는지, 인성이나 태도, 그리고 자기주장 고집 때문에 논리보다 자신의 아이디어만을 고집하는 성향이 있는지를 꼼꼼히 살핀다. 내 경험에 따르면, 면접 한두 번만으로는 진짜 좋은 사람을 찾기 어렵기 때문에 지금까지 약 140명의 인터뷰를 진행했고, 그중 최종 선발한 인재는 약 40명 정도였으며, 실제로 일을 해 보니 그중 약 20명 정도만이 회사 컬처에 맞는 것으로 나타났다.

문제는, 구성원이 7명 이상이 되면 정치가 생기고, 10명에서 15명 정도 넘어가면 분명 트롤이나 프리라이더가 나타나게 마련이라는 점이다. 14명의 훌륭한 컬처를 가진 팀내에 단 한 명의 트롤이 있더라도 전체 컬처가 망가질 수 있기 때문에, 나는 챌린지 경험과 인성, 그리고 자신의 부족함을 인정하며 배우고 성장하려는 태도가 있는 사람만 선발한다. 내가 뽑은 인재들 중, 특히 자기주장에 있어서 고집이 지나치거나 자신의 아이디어만 고집해 타인의 의견을 무시하는 성향을 보인 사람은 전체의 10% 미만이었고, 그런 레드 플래그가 보이면 단호하게 배제한다.

참고로, 쉐비스 칼라닉(우버창업자)의 시티 스토리지 시스템즈(CSS) 회사 컬처는 규모가 큰 조직답게 항상 재능 있고 능력 있는 사람들만 뽑는 것으로 알려져 있다. 서류 통과 기준이 워낙 높아 능력 있는 인재들만 선발되지만, 문제를 일으킬 가능성이 있는 지원자를 걸러내기 위해 성과주의 시스템을 운영한다. 우버와 유사한 방식으로, 상위 20%에게만 보너스를 지급하는 방식이다. 하위 80%는 보너스를 받지 않고, 더 나아가 상위 20% 중에서도 극소수인 상위 1%에 가까운 인재들에게 회사의 보너스 예산이 집중적으로 배분되도록 하는데, 예를 들어 보너스 예산이 100억 원이라면 이 금액 이상위 20%의 직원들에게 모두 돌아가고, 그중에서도 특히 상위 20명 정도에게는 50억 원 정도가 분배되는 식이다. 이러한 체계는 문제를 일으키거나 팀 컬처에 부정적인 영향을 미치는 구성원들을 자연스럽게 걸러내어, 그들이 스스로 동기부여를 잃고 자진 퇴사하도록 유도하는 효과가 있다고 들었다.

한편, 나는 채용 후에도 직원들이 큰 실수를 하더라도 한두 번은 기다리며 대화를 통해 개선의 기회를 주는 편이다. 보통 3~5번 정도의 실망이 누적되면 한 번 제대로 피드백하고 개선을 요구하지만, 만약 같은 문제가 지속된다면 그 사람과는 진지하게 문제를 해결하거나 결국 헤어지는 결정을 내린다. 내가 겪었던 사례 중에는, 관리자급으로 채용했던 직원이 느리척이지 않은 태도를 보여 팀에 큰 부담이 되었던 적이 있었는데, 다른 직원들이 조심스럽게 이야기했음에도 불구하고 7번 정도의 반복된 실수 끝에 결국 헤어지게 된 경험도 있다.

또한, 나는 관리자나 전문가와 같은 핵심 역할뿐만 아니라, 주니어를 키우는 것도 중요하게 생각한다. 회사의 머릿수로 따지면 관리자나 전문가보다는 일반적인 어퍼레이션을 하는 인원이 훨씬 많기 때문에, 주니어를 체계적으로 키워내는 것이 오히려 장기적으로 팀에 큰 도움이 된다고 본다.

결국, 내가 강조하는 것은 처음부터 레드 플래그가 보이는 인재를 뽑지 않는 것과, 만약 문제가 발생했을 때에는 성과 기반의 인센티브 시스템과 꾸준한 대화, 피드백을 통해 문제를 해결하는 것이다. 이를 통해 건강한 공동체 컬처를 유지하고, 모든 구성원이 자기 성장과 회사의 성장을 함께 이루어 나갈 수 있도록 노력하고 있다.

Q. 좋은 공동체란 무엇이라고 생각하나?

나는 좋은 공동체란, 단기적 목표를 향해 꾸준히 나아가면서도 모든 구성원이 장기적 비전에 공감하고, 그것을 이루기 위해 작은 실패들을 마다하지 않는 곳이라고 생각한다. 이러한 공동체에서는 단기 목표 달성을 위한 노력과 실패를 통해 배워나가는 과정이 쌓여 결국 큰 성공으로 이어진다. 결국, 모든 구성원이 비전에 공감하고 그 목표를 이루기 위해 도전하는 가운데, 서로의 실패를 두려워하지 않고 함께 성장하는 것이 진정한 좋은 공동체의 핵심이라고 믿는다.

Q. 심플키친에서 다양한 사람들, 특히 서로 다른 배경의 창업자들을 어떻게 하나의 공동체로 통합했나? 성공 사례와 실패 사례를 포함해 말해달라.

심플키친에서 공동체를 통합하는 데 있어, 우선 초기 소규모 팀에서는 인원수가 적어 각 구성원의 불만이나 이슈를 빠르게 파악하고 해결할 수 있었다. 내가 회사를 매각하기 전, 팀원이 약 12명이었을 때는 서로의 불만도 금방 파악할 수 있었고, 이로 인해 팀 내 단합이 좋았다. 또한, 초기에는 점주들이 약 30명 정도로 구성되어 있었는데, 이들은 내가 직접 자주 만나고 직원들도 자주 만나면서 자연스럽게 소통했기 때문에 불만이 있더라도 서로 조율하며 큰 마찰 없이 운영됐다. 접점이 잦았고, 그만큼 진심이 느껴졌기 때문에 점주들 사이에서도 협의가 원활하게 이루어졌다.

반면, 실패 사례로는 내가 CSS 코리아에서 지사장 역할을 맡았던 경험이 있다. 당시 인원이 40명에서 시작해 7~8개월 만에 급격하게 100명까지 늘어나면서, 중간 관리자가 부재해 각 부서와 팀 간의 소통이 원활하지 않았다. 내가 추구했던 문화나 전략보다 본사에서 강하게 요구하는 전략과 문화가 많았기 때문에, 로컬과 본사의 목소리 차이가 커져 불만이 생길 수밖에 없었다. 특히, 입점한 점주들 중에서도 불만이 있는 사람이 25개 정도 발생했고, 한 명의 불만이 전염되어 전체 점주들이 담합해 항의하는 상황도 발생했다. 이런 경우, 내가 제시한 방향성과 비전을 충분히 설득시키지 못했던 것이 큰 문제라고 생각한다.

또한, 심플키친 내에서 팀원들과 점주들을 통합하는 과정에서는 서로 다른 부서 간의 교류와 역할 변경이 중요한 역할을 했다. 초기 멤버들은 다양한 역할을 경험하며 회사의 전반적인 운영 방식을 이해할 수 있도록 했고, 부서 간 협력을 통해 영업팀과 운영팀 간의 조율을 원활하게 하려고 노력했다.

결국, 심플키친에서 다양한 배경의 창업자들과 구성원들을 하나의 공동체로 통합한 성공의 핵심은, 초기 소규모 팀에서 서로의 불만과 이슈를 신속하게 파악하고 해결할 수 있었던 점, 그리고 점주들과의 잦은 접점을 통해 진심이 담긴 소통과 협의가 이루어진 것이었다. 반면, 빠른 조직 확장과 중간 관리자의 부재로 인한 소통 단절, 그리고 본사와 로컬 간의 문화적 차이를 조율하지 못했던 실패 경험은, 공동체 통합에 있어 내부 관리와 소통의 중요성을 다시 한번 생각하게 했다. 이러한 경험들은 결국 다양한 사람들이 한 방향의 장기적 비전에 공감하고, 그 비전을 이루기 위해 작은 실패들을 마다하지 않는 공동체를 만드는 데 중요한 밑거름이 됐다.

Q. 심플키친 공동체에서 개인적인 성장을 경험한 사람들이 많을 텐데, 이러한 성장을 이끌어내기 위해 리더로서 어떻게 지원했나?

나는 심플키친의 초기 멤버들을 나 자신의 부족함을 채워줄 수 있고 함께 성장할 수 있는 동반자로 봤다. 초기 멤버 중 한 분은 부동산에 큰 관심이 있어, 사업 초기에는 임차만 했던 상황에서 시작해, 개발에 필요한 실사와 협상, 그리고 팔 의향이 없는 사람에게만 거래를 추진하는 등 다양한 업무를 스스로 경험하게 했다. 결과적으로 그분은 CSS 시절 자산운용사 쪽에서 부동산 매입 팀장으로 성장했고, 개인적으로도 부동산 투자 네트워크를 확장하는 엄청난 계기를 마련했다.

또한, 또 다른 초기 팀원은 음식점과 푸드트럭 사업, 케이크, 캐릭터링 사업 등 여러 분야를 경험한 전략가였다. 나는 그분과 주말마다 만나 어떤 방향으로 사업을 전개할지, 투자는 어떻게 받아야 하는지, 인베스트먼트는 어떻게 진행할지 심도 깊게 논의하면서, 재능과 성장 가능성을 스스로 느낄 수 있도록 도왔다. 작업이 끝나자마자 그분은 큰 스타트업의 전략 시니어 레벨로 승승장구하며 본인의 역량을 발휘하기 시작했다.

더불어, CSS 시절에 함께 했던 한 친구는 CS팀에서 일하며, 내가 맡았던 신사업 운영을 책임지도록 해 지금도 그 4인방 중 한 명으로 함께하고 있다. 나는 이처럼 각자가 자신의 업무에 몰입할 수 있도록 역할을 세분화하고, 동시에 부서 간 교류를 적극 장려했다. 초반에 모든 팀원들이 서로 다른 부서의 업무를 직접 경험하게 해, 각 부서가 어떤 일을 하는지 최소한 이해할 수 있도록 했다.

결국, 나는 초기 멤버들을 통해 부족함을 채워나갈 수 있는 동반자들을 선정하고, 그들이 다양한 실무 경험을 쌓으며 역할을 자연스럽게 변경할 수 있도록 지원했다. 이를 통해 각자가 자신의 전문성을 키우고, 장기적 비전에 공감하며 작은 실패들을 마다하지 않는 환경 속에서 함께 성장하도록 이끌었다.

Q. 새로운 구성원을 공동체에 잘 적응시키기 위한 특별한 프로그램이나 방법이 있나?

내가 중요하게 생각하는 것은, 신규 구성원들이 입사 초반에 다양한 경험을 쌓으면서 명확하게 한 가지 업무만 하는 것이 아니라, 다른 부서의 실무자들이 하는 일을 직접 경험해 보고 그 과정을 통해 부서 간의 업무 방식과 문제점을 이해할 수 있도록 하는 것이다. 이는 단순한 역할 변경이라기보다는, 부서 간의 교류를 통해 사업이 운영되는 원리를 직접 체험하도록 하는 데 중점을 두고 있다.

특정 부서들은 고질적인 문제들이 다 다르기에 이 같은 어려움이 있을 수밖에 없는데, 만약 구성원이 그 부서가 실제로 어떻게 일을 처리하는지를 스스로 잘 이해하게 되면, 그 경험을 바탕으로 회사 전체의 방향성을 감안해 보다 효율적으로 협업할 수 있게 된다. 예를 들어, 영업팀은 단순히 잘 팔기만 하면 되는 것이지만, 만약 오버 셀링을 해서 운영팀이 고생하는 상황이 발생한다면, 영업팀도 운영팀이 어떤 어려움을 겪고 있는지를 직접 경험하고 이해함으로써, 이를 조율할 수 있게 된다.

이와 같이, 초반에 여러 부서의 실무 경험을 통해 서로의 업무 방식을 명확히 이해시키는 것이, 새로운 구성원들이 공동체 내에서 원활하게 적응하고 성장하는 데 매우 중요한 방법이라고 생각한다. (CJ, 한화 등 대기업도 신입사원이 다양한 역할을 경험하도록 직무 순환 제도를 운영한다.)

Q. 공동체를 운영하면서 가장 기억에 남는 구성원과 그가 가져온 긍정적인 변화가 있다면 무엇인가?

내가 운영하는 공동체에서는 여러 구성원들이 각자의 방식으로 긍정적인 변화를 이끌어냈다. 한 사례는 인수 후 초기에 부동산 개발 본부장과 부동산 팀장이 있었던 경우다. 그분은 나이에 비해 자격지심이 심해, 내 논의 없이 본사와 직접 소통하는 등 문제를 일으켰다. 처음에는 내가 최대한 긍정적으로, 즉 화내지 않고 좋게 좋게 대하려고 노력하며 상황을 해결하려 했다. 그러나 그 과정에서 나는 결국 상황에 맞춰 내 주장을 상대방의 기분을 적당히 고려하면서 쓴소리를 잘 전달할 수 있는 능력을 키웠다. 결국 그분은 오랜 기간 동안 개선되지 않아 해고되는 결과를 맞이했지만, 그 경험은 내가 리더로서 어려운 피드백을 효과적으로 전달하고, 공동체 전체의 컬처를 보호하는 방법을 배우는 데 큰 도움이 됐다.

또 다른 기억에 남는 사례는 아까 말했듯 내 첫 팀원 중 한 분과의 경험이다. 그 후에도 나는 그분과 주기적으로 연락하며, M&A 조항과 같은 중요한 계약 조건의 필요성을 상세히 설명 받고 조언을 구하는 등 평생 멘토처럼 큰 영향을 받고 있다.

이처럼, 공동체 내에서 구성원들이 각자의 분야에서 성장하며 서로의 부족한 부분을 보완할 수 있도록 지원하는 것이, 긍정적인 변화를 이끌어내는 핵심임을 깨달았다. 초기의 어려운 경험들, 그리고 그로 인해 내가 배운 소통과 피드백의 기술은 결국 모든 구성원이 함께 성장하는 건강한 공동체 컬처를 만드는 데 큰 밑거름이 됐다.

Q. 임 대표가 이끄는 공동체에서 구성원들의 피드백을 반영하는 과정은 어떤가? 시스템이 있나?

현재로서는 정식화된 피드백 시스템은 마련되어 있지 않다. 인원수가 적기 때문에, 나는 주로 정기적인 1대 1 미팅을 통해 구성원들의 의견을 듣고 있다. 예를 들어, 1대 1 미팅할 때가 됐다 싶으면 한 분씩 만나 회사의 방향성이나 구조적 문제에 대해 고민하고 있는 부분을 직접 물어본다. 구성원들 중에는 피드백을 솔직하게 하는 분도 있고, 수줍어하는 분도 있기 때문에, 각자의 성향에 맞춰 내가 계속 질문을 던지고 그들의 대안을 청취한다. 이를 통해 내 기존의 생각을 업그레이드하고, 공통적인 주제에 대해 "이 사람의 대안이 더 맞는 것 같다"라는 식으로 반영하게 된다.

이런 방식은 전 회사에서 피드백을 제대로 받지 못해 불만이 많았던 경험과 달리, 지금은 구성원들이 스스로 의견을 제안할 수 있도록 하는 연결고리 역할을 하고 있다. 물론 정기적인 시스템보다는 1차원적으로 직접 듣고 고치는 방식이지만, 그 과정에서 PMF(제품-시장 적합성) 검증을 통해 우리 회사 구조가 깔끔하게 짜였는지, 누가 어떤 역할을 맡을지 명확해지기도 했다.

결과적으로, 내가 직접 구성원들과 1대 1 미팅을 하며, 회사의 방향성이나 구조적 문제에 대해 솔직하게 물어보고 그들의 피드백을 받아들임으로써, 필요한 부분은 수정하고 개선해 나가고 있다. 이런 과정이 비록 공식적인 시스템으로 운영되지는 않지만, 구성원들의 의견을 반영해 회사를 더욱 발전시키는 데 중요한 역할을 하고 있다고 생각한다.

Q. 리더로서 제일 힘들었던 점과 성장했던 부분. 가장 힘들게 했던 구성원, 다시 돌아간다면 고치고 싶은 것은 무엇인가?

내가 리더로서 가장 힘들었던 점은, 내가 충분히 이해하지 못하는 분야에 대해 다른 사람들에게 기대어 진행했던 결정들이었다. 예를 들어, 내가 잘 알지 못하는 기술 기반 사업에 너무 성급하게 뛰어들었지만, 해당 기술에 대한 이해가 부족해 모티베이션도 낮았고 결과도 좋지 않았던 경험이 있다. 당시 "될 긴 된다"라는 믿음에 너무 급하게 행동했던 것이 큰 실수였고, 지금 와서 돌아보면 충분한 스터디와 검증이 필요했음을 절실히 느낀다.

또한, 부동산 분야에서 겪었던 경험도 인상 깊다. 부동산 개발 본부장으로 있을 때, 아까 말했던 분이 자격지심이 강해져 내 논의 없이 본사와 직접 소통하는 등 문제를 일으켰고, 결국 오랜 기간 개선되지 않아 해고되는 결과를 맞게 됐다.

만약 다시 돌아간다면, 나는 기술과 전략에 대해 충분히 공부하고 확신이 서기 전까지는 성급하게 진행하지 않았을 것이다. 또한, 구성원들의 피드백을 좀 더 체계적으로 반영하는 시스템을 마련해, 불만과 문제를 신속히 해결하려 노력했을 것이다.

이 모든 경험을 통해 내가 배운 가장 큰 교훈은 공동 성장, 끊임없는 의심과 질문, 그리고 천천히 확신을 가지고 나아가는 것이다. 나는 리더로서 구성원들에게 명확한 피드백을 주고, 상황에 맞춰 상대방의 기분을 적절히 고려하면서 필요한 때에는 단호하게 문제를 해결할 수 있는 방법을 터득했다. 이러한 경험들이 결국, 구성원들이 함께 성장하고 건강한 공동체 문화를 유지하는 데 큰 밑거름이 되었다고 생각한다.

Q. 좋은 공동체 리더로서 가장 중요한 덕목은 무엇이라고 생각하나? 세 가지만 키워드로 말해달라.

내가 생각하는 좋은 공동체 리더로서 가장 중요한 덕목은 세 가지다.

1. 공동 성장: 구성원 모두가 서로의 성장을 도모하고, 함께 발전하는 환경을 만드는 것이 중요하다고 생각한다. 리더로서 각 구성원이 가진 잠재력을 발휘할 수 있도록 지원하고, 함께 목표를 향해 나아가는 문화를 조성하는 것이 핵심이다.

2. 끊임없는 의심(질문): 자신의 결정, 회사의 방향, 그리고 구성원들의 역량에 대해 항상 의문을 가지고 끊임없이 질문하는 자세가 필요하다. 이러한 '좋은 의심'은 잘못된 가정을 바로잡고, 더 나은 방향으로 나아가기 위한 중요한 점검 수단이 된다.

3. 천천히 가기: 확신이 생겼을 때 그 확신을 여러 번 검증한 후에 스케일업을 위한 투자를 해야 한다고 믿는다. 급하게 결정하거나 행동하는 것은 오히려 큰 실패로 이어질 수 있으므로, 신중하게 검토하고 점진적으로 나아가는 자세가 필수적이다.

Q. 다른 공동체 리더들에게 해주고 싶은 조언이 있다면?

나는 아직 다른 공동체 훌륭한 리더분들에 비해 너무 꼬꼬마라고 생각한다. 하지만 내가 다른 공동체를 이제 막 시작한 분들이나 꿈꾸는 분들에게 해주고 싶은 말은, 자신이 이 공동체에 대한 비전을 명확하게 설정하고, 그 비전에 대해 스스로 10번 이상 확실히 설득한 후에 시작하는 것이 매우 중요하다는 것이다. 시작하면 배우는 게 많지만, 동시에 그 시작 이후에 책임져야 할 일이 너무 많아진다. 만약 내가 세운 비전을 충분히 검증하지 않고 공동체를 운영하다 보면, 결국 그 비전을 지키지 못해 리더로서 신뢰를 잃고, 나쁜 의미에서 사기꾼처럼 보일 수도 있다. 그러므로 먼저 자기 자신부터 충분히 확신하고 설득된 후에 공동체를 시작하라는 점을 꼭 강조하고 싶다.

더 많은 이야기가 궁금하시다면?

QR 코드를 스캔해 확인해 보세요.

3장

우리가 발견한 위대함

수지, 지수, 인희, 하은

위대함은 우리가 어디에 서 있는지가 아니라,

어떤 방향으로 나아가고 있는가에 달려 있다.

- 올리버 웬델 홈스 주니어 -

인희

우리가 위대하다고 생각하는 것
: 그레타 툰베리 vs 일론 머스크

 월간 위대함에서 함께 읽은 책들 중 평소 나의 독서 취향과 가장 다른 책을 한 권만 꼽으라면 망설임 없이 《일론 머스크》를 꼽을 것이다. 이 책은 《스티브 잡스》와 궤를 같이하는데, 사후에 스티브 잡스의 생애를 정리했던 《스티브 잡스》와 달리, 《일론 머스크》는 가장 한창때의 거대 기업 CEO를 대상으로 했다는 점에서 마케팅적 색채가 짙다고 생각했다. 무엇보다 굳이 책을 읽지 않아도 이미 수많은 언론들이 그의 일거수일투족을 떠들어대고 있는 데다 본인 스스로도 트위터까지 인수해 가며 자기 할 말은 이미 넘치게 전달하고 있는 마당에, 책까지 읽어야 할까 싶었다. 안 그래도 도지코인에 거하게 물려 언짢은데, 명랑했던 파랑새까지 포획해 이름부터 음흉한 X로 탈바꿈시켜 버리다니……. 그의 과감한 행보가 참 대단하다 싶다가도 괜히 미워 보이는 건 어쩔 수 없었다.

머스크는 목표지향적인 사람이다. 목표를 제외하고 다 No로 받아친다. 그리고 기존의 방식과 다른 창의적인 방법으로 문제를 해결해 나간다. 남과 다른 자신의 생각을 집요하게 제1원리에 근거해 검증해 나간다. 그리고 누구와도 타협하지 않고 결국 성공시킨다. 물리학적, 엔지니어의 사고에서 기반, 확실한 것부터 목표를 향해 해 나간다. (제1 원리) 이 자서전도 그 목표(아마도 화성)로 가는 수단 정도로 보인다. - 《일론 머스크》 승호 독후감 中

그랬던 나에게 735쪽 분량에 달하는 일론 머스크 설명글 4만 원어치는 정말 드라마 속 덤프트럭처럼 다가왔다. 언제든 등장할 수 있다는 사실을 내심 알고 있고, 또 왜 등판해야만 했는지 어느 정도 이해할 수 있지만, 그래도 되도록이면 절대 보고 싶지 않은 그런 전개랄까……? "Don't Judge a

Book by its Cover."라던데, 이 책은 cover 마저도 퍽 잘생기지도 않은(사실은 못생긴) 백인 남자 얼굴로 가득 차 있어 정말이지 선뜻 지갑이 열리지 않았다. 그나마 나에게 이 책을 구매할 용기를 간신히 보태준 것은 "일론 머스크는 진짜 대단한 사람인데, 말도 안 되는 기행을 하는 오타쿠쯤으로 저평가되는 게 안타깝다"는 덕후 기질 낭낭한 발제자의 발제 사유였다.

그렇다. 우리 모임엔 일론 머스크 찐덕후가 있다. 영업하고 싶어 안달 난 덕후의 마음을 덕후가 알아줘야지 누가 알아주겠느냐 만은, 결과적으로 말하자면《일론 머스크》는 내가 개인적으로 머스크에 대해 가졌던 다소 부정적인 이미지를 개선하지는 못했다. 오히려 그저 웃긴 관종 형의 이미지가 강했던 이전과 달리, '순수한 의도로 위험한 생각을 하고, 심지어 그걸 실현시킬 수도 있을 것 같은 사람'이란 이미지가 덧씌워졌다는 점에서 소폭 악화되었다고 볼 수도 있다.

재밌는 점은 내 개인적 호감도와는 별개로 사람들이 왜 일론에 환호하고, 그의 어떠한 점에 열광하는지 조금은 알 것 같다는 생각도 들었다. 일론 머스크는 모두가 상상하지 못했던, 혹은 상상만으로 그쳤던 일을 꿈꾸고 그중 일부를 현실에 옮겨낸 인물이다. 그의 인생 목표인 '인류 문명의 다행성화(aka. "화성 갈끄니까!")는, 정작 그의 생애 내에는 완성되기 어렵다는 전망이 지배적인 듯하지만, 일론이 겨우 화성에 별장 한 채 못 지었다고 그의 인생을 실패한 인생으로 매도할 사람은 없을 것이다. 막말로 앞으로 하는 일 다 말아먹어도 위인으로 기록될 양반이, 어떤 일도 말아먹기 힘들 수준의 인지도와 인기마저 구가하고 있다 보니, 이제는 이 양반이 아직 화성에 안 가봤다는 사실이 오히려 더 생소하게 느껴질 정도다. 애초에 '우주 산업', '전기차', '암호 화폐' 등 한 사람이 인생을 통으로 바치고 운까지 따라줘야 겨우 하나 이룰까 말까 한 면면이 거대한 산업들이 한 사람으로 상징될 수 있다니⋯⋯. 타고난 환경 덕분도 있겠지만, 유복한 환경에서 자랐다고 모두가 일론이 되는 것은 아니다. 자기 계발서에서 흔히 "Achiever"로 표현되는 인간 군상의 표본이라 생각될 정도로 일론은 본인이 가진 모든 걸 프로젝트에 쏟아부어 끝내 성취를 거두는 인물이다. "Achiever"의 큰 뜻을 범(凡) "Doer"가 어찌 헤아리리오⋯⋯.

〈진격의 거인〉 최종장에서 주인공은 끊임없이 되풀이되는 증오의 사슬을 끊어낼 유일한 방법은 자신이 거대한 악이 되어 전체 인류 연합에게 저지되는 것뿐이라 믿는다. 그러면서 그는 주변의 만류에도 불구하고 "땅울림"을 발동해 인류의 대부분을 쓸어버리는 선택을 한다. 대충 봐도 타노스보다 더 많이 죽였다. 《일론 머스크》를 읽으며 시종일관 지울 수 없었던 정체 모를 불쾌감 역시 같은 맥락에서 기인하지 않나 싶다. 내가 합의한 바 없는 누군가의 신념을 강요받는데, 그 상대가 너무 거대해서 어쩔 도리가 없는 느낌이랄까……? - 《일론 머스크》 인희 독후감 中

내 예상과 달리, 《일론 머스크》 발제는 책 너머의 주제들로 토론의 질문들이 구성되었다. 이날 지각해서 헐레벌떡 들어온 내가 영문도 모른 채 받았던 첫 질문은 "기술 혁신에 대한 규제" 문제였다. 책에 그런 내용이 있었나 기억을 더듬어 보다가 "어쨌든 변화는 오기 마련이고, 그 과정에서 변화에 따라가지 못한 소위 '낙오자'들이 생겨난다. 예를 들어 스마트폰이나 키오스크 등이 보편화되면서 노인 소외 문제가 생겼다고 이들을 규제할 순 없는 노릇 아니겠는가? 덮어놓고 규제하기보다는 변화에 적응하지 못한 사람들을 어떻게 보호할지 고민이 필요하다."고 답했는데, 이 이후로도 책에서 소개하는 에피소드들 보다는 "기술 발전이 제기하는 윤리적 문제(테슬라)", "AI가 제기하는 위협(Open AI)", "표현의 자유와 혐오 표현 문제(X)" 등 일론 머스크의 사업 영역만큼이나 광범위한 토론 주제들이 이어졌다.

앞선 《일론 머스크》 발제를 정조준한 '그레타 툰베리 VS 일론 머스크'라는, 어찌 보면 유치하고 얼핏 황당해 보이는 토론 주제는 그렇게 탄생했다. 애초에 한 명은 기업가이고 한 명은 사회 운동가인데, 이 대결이 성립은 가능한 건가 싶지만 '기후 문제'에선 가능하다. 일론 머스크의 화성 이주 계획은 운석 충돌, 핵전쟁 등 인간종의 생존을 불확실하게 하는 대내외의 위협들이 너무 많다는 생각에서 출발한다. 일론 머스크는 '기후 위기'를 해결해야 하는 이유가 인간종의 생존이라면, 인류가 다행성종으로 거듭나는 것이 가장 생존 가능성을 높이는 방법이라고 생각한다. 이는 다시 말해 한정된 자원을 시간이 오래 걸리고 거의 불가능에 가까운 80억 인류의 조별 과제에 쏟기보다는, 소수의 능력자 집단에 몰빵해 기술 발전으로 극복하는 게 더 현실 가능성이 높다는 주장이다. "이 문제의 해결책은 태양광 에너지와 배터리 기술에 있다"는 일론 머스크의 주장 역시 이와 같은 맥락 위에 위치한다.

툰베리는 과연 무엇 때문에 이렇게 기후 위기를 적극 외치는 걸까? 15살 소녀는 환경파괴의 심각성을 인지하고 등교거부, 이후 학교 파업 시위를 주도하며 세계적인 자리에서 연설을 하게 된다. 소시민인 나는 내 행동의 힘을 믿지 않았지만, 툰베리는 결국 개인이 사람들을 움직이게 할 수 있는 힘은 '여론'의 힘이라고 믿으며, 각계 오피니언 리더들의 글을 모아 책을 만든 일까지 위대하다. 기후 책 내용 자체가 나에게 큰 울림을 주진 않았지만, 저자의 행보에서 우리 모임의 '위대함'은 느낄 수 있었다. -《기후 책》연하 독후감 中

반면 툰베리는《기후 책》에서 "민주주의는 이 위기를 해결하기 위해 우리가 쓸 수 있는 최선의 도구"라는 점을 지속적으로 강조한다. 한국에서는 UN연설 이전까진 다소 생소했던 이 소녀는, 15세였던 당시 매주 금요일마다 파업 성격으로 등교를 거부하고 스웨덴 의회 앞에서 '기후 위기 해결을 위한 즉각적인 조치'를 요구하는 시위를 시작했는데, 이 사실이 전 세계에서 화제가 매주 전 세계 수백만 명의 학생들을 학교 밖으로 이끌어냈다. 'Friday for Future'이란 이름으로 유명한 이 운동은 그레타 툰베리의 UN 연설 이후엔 전 세계 185개 국가에서 약 6,000개의 집회에 760만 명의 인원이 참여하는 대규모 운동으로 발전했다. 코로나19를 거치며 주춤해진 감은 있지만 그래도 여전히 '기후 문제'의 아이콘이자 스피커로서 활약 중인 만큼, 툰베리는 민주적 가치와 질서를 설파하며 개인들의 작은 실천과 관심을 촉구한다.

예상대로 《일론 머스크》의 열렬한 팬은 "그레타 툰베리당 일론 머스크 중 누가 더 위대한가?"라는 질문을 보자마자 광분했다. "일론이 일궈온 그동안의 성취와 업적, 그리고 현재 받고 있을 스트레스와 중압감의 무게가 어떻게 10대 꼬맹이와 비견될 수 있냐"는 것이 요지였다. 어떻게 한 사람의 고통에 무게를 달아 다른 사람의 고통과 비교할 수 있을까 싶으면서도, 냉정하게 보면 틀린 말은 아니라는 생각이 들었다. 사실 이룬 것 만을 놓고 봤을 때, 툰베리는 '기후 위기'에 대한 경각심을 환기시키며 거대한 움직임을 만들어냈을 뿐, 아직 문제를 해결한 것이 아니다. 뿐만 아니라 연설이나 행동으로 대중의 마음을 움직이는 능력 또한 생각해 보면 그다지 특별하진 않다. 그에 비해 일론은 이미 여러 차례 불가능해 보인 도전을 성공시킨 인물인 데다, '뭐 이런 사람이 있지' 싶을 정도로 독보적이다. 만약 머스크로 의견이 쏠리면 툰베리를 적극 지지해야겠다고 다짐했는데, 막상 투표를 해보니 정반대의 결과가 나온 것을 보며 비로소 나 스스로도 머스크가 더 위대하다고 판단하고 있었다는 사실을 깨달았다. 《일론 머스크》를 열렬히 사랑하는 그는 도무지 이해할 수 없다는 표정으로 툰베리 지지자들과 1:1 토론을 시작했다. 이날의 MVP는 그렇게 탄생했다.

이러한 논쟁이 재밌는 이유는 그 과정에서 각자가 중요하게 생각하는 가치가 보다 또렷하게 드러나기 때문이다. '무엇?'은 취향의 영역이지만 '왜?'부터는 가치의 영역이다. 상호 모방

속에 중간지점으로 수렴해 버린 지금은 많이 퇴색된 감이 있지만, 스마트폰 초창기엔 '감성 원툴' 앱등이와 '가성비 충' 삼엽충의 논쟁이 빈번했다. 서로의 멸칭에 방어하기 위해 각 진영은 여러 논리들로 무장했는데, "폐쇄적인 시스템이 주는 보안상의 이점"과 "높은 자유도로 비롯된 편의성"이 대표적이다. 또한 국내 축구팬들 사이에서 아직 메호대전이 한창일 때, 리오넬 메시의 팬들은 완벽한 기본기를 바탕으로 동료들에게 결정적인 패스를 연결해 내는 플레이 메이커로서의 메시에게 높은 점수를 주었던 반면, 크리스티아누 호날두의 팬들은 화려한 개인기로 팀을 성공으로 이끄는 악마의 스타성이 지닌 가치를 설파했다. 청팀과 백팀이 명확히 갈리는 문제라면 우열을 가리는 문제는 찬반 논쟁만큼 흥미롭고 꿀잼이다.

마찬가지로 "왜 툰베리가 일론보다 위대하다고 생각해?"라는 머스크 빠돌이의 질문에 "그냥"이라는 답은 허용되지 않는다. 이 맑은 눈의 광팬이 던지는 악의 없는 집요한 질문에 각자는 그럴듯한 논리로 방어할 필요가 있었는데, 그중 "툰베리 같은 사람이 있기에, 비로소 일론 머스크 같은 사람이 나올 수 있지 않았을까 싶다"는 주장이 기억에 남는다. 모두의 이상적인 미래를 꿈꾼 과거의 툰베리들이 있었기에 지금의 내가 있고 지금의 일론 머스크가 있는 것이라면, 과연 툰베리들은 머스크보다 위대하다. 생각해 보면 툰베리가 뜨겁게 설파하는 미래는 다소 이상적이지만 모두를 위한 미래인 반면, 선택받은 소수가 이끄는 일론 머스크의 미래엔 아마 높은 확률로 내가 없을지도 모른다. 요컨대 일론 머스크가 닥친 미래에 위험에 현실적으로 대응하는 '소심이'적 문제해결이라면, 툰베리는 다가오는 위협을 예측하고 미리 대비하는 '불안이'적 문제 해결이다. 물론 개인별로 무엇에 더 가치를 두느냐의 문제일 뿐, 둘 다 중요한 감정친구들이란 사실을 우린 〈인사이드 아웃 1〉을 통해 배웠다.

이 책 한 권이면 체계적으로 자료들을 레퍼런스 삼을 수 있겠다, 싶다. 뭐든 선지식이 위험한 법이지만, 균형 있는 태도가 중요하지만 이러고 있을 시간이 없다 하니, 뭐가 됐든 가릴 처지가 아니라고 하니 일단 시작하면서 수정해 나가 보는 걸로. 2학기에 '우리 모두의 지구'라는 주제로 프로젝트 수업을 진행한다. 역사와 관련지어 생태교육을 어떻게 진행해야 되나 고민이 많았는데 거시적인 시간의 흐름을 짚으면서 세계를 넓게 보는 눈을 길러 인간과 진화의 조건과 함께 파괴적인 선택을 멈추고 문명을 지속하는 선택을 할 수 있는 관점을 길러줘야겠다, 생각해 본다. - 《기후 책》 은희 독후감 中

    이와 같이 모임에서 서로의 생각을 나누다 보면, 이따금씩 내 머리에선 저런 생각이 절대 못 나오겠다 싶은 주장들과 관점들을 마주하게 된다. 일례로 "툰베리 같은 아이를 일론 머스크로 키우는 것과, 일론 머스크 같은 아이를 툰베리로 키우는 것 중 무엇이 더 바람직할까 고민해 보니 후자가 낫겠다는 생각이 들었다"는 주장은 나로서는 절대 떠올릴 수 없었을 관점이었다. 아마 나만이 아니라 교육의 현장에서 매일 영재 아이들을 피부로 마주하는 현직 교사가 아니고서야 쉽게 고민해 보지 않을 문제이지 않을까 싶다. "만약 나에게 선택권이 있다면, 나는 과연 툰베리로 크고 싶을까, 일론 머스크로 크고 싶을까?"를 고민하다 끝내 나는 일론 지지를 철회하게 되었다. 툰베리의 인생을 나는 감당할 자신이 없었다.
    이처럼 우리는 토론 과정 비단 상대의 의견에 설득이 되는 순간뿐만이 아니라 때로는 나와 너무 다른 생각을 마주하기도 하며, 나는 간과했던 사소한 부분을 짚어 주어 당혹스러울 때도 있다. 나와 비슷한 사고 구조를 가졌다 생각했던 사람이 특정 문제에서는 나와 전혀 다른 입장을 견지해 놀라기도 한다.

다른 자리에선 어떨지 모르겠지만 최소한 월간 위대함에선 이 과정이 너무나도 즐거운데, 이는 "의견 다름"이 "no 존중"을 의미하지 않으며, 때로는 "more 존중"이 되기도 한다는 상호 간의 믿음에서 비롯된 것이 아닐까 싶다. 앞서 〈인사이드 아웃 1〉을 언급한 김에 시즌2까지 언급해 보자면, 〈인사이드 아웃 2〉는 우리의 모든 경험들과 기억들이 좋든 싫든 나의 가치관을 형성하는 거름이 된다는 점을 보여준다. 이는 다시 말해 우리 모두는 각자만의 독창적인 경험 위에서 독창적으로 사유한다는 점을 의미한다. 툰베리와 일론 머스크의 위대함을 논하며 우리가 발견한 위대함은 현재의 서로를 그 자리에 있게 해 준 각자만의 경험들, 그 알록달록한 의견들에 있지 않았나 생각해 본다.

Q. 월간 위대함에서 내 생각을 공유하게 되는 순간은?

- 책에서 읽을 때 인상 깊었던 부분에 대한 주제에 대해서 이야기할 때
- 찬반이 명확히 갈릴 수 있거나 논쟁적인 주제에 대해서 이야기할 때. 즉, 내 견해가 명확히 있는 주제일 때
- 나는 내용을 이렇게 해석했는데, 당신들은 어떠했나를 질문하고 싶거나 한마디 곁들어서 화제를 던져보고 싶을 때
- 내가 읽으면서 생각해 본 부분에 대해 논의할 때

지수

멤버들의 연애관: 에로스의 종말

　월간 위대함 멤버들은 내가 지금까지 만나본 사람들 중 가장 사랑과 연애에 진심이었다. 그런데도 참 희한한 점은, 만나면 책 얘기 빼고 연애 얘기를 가장 많이 하는데도 이 모임 안에서는 (적어도 책이 나온 지금까지는) 정분이 난 적이 없다는 것이다. 연령대도 비슷하고, 독서라는—시작은 사실상 윤성원이라는— 공통 관심사로 묶였는데도 말이다. 대체 월간 위대함 멤버들은 대체 어떤 연애관을 가지고 있을까? 《에로스의 종말》 모임 때 적은 멤버들의 독후감은 그 힌트를 가지고 있을지도 모른다.

《에로스의 종말》은 철학자 한병철의 저작으로, 오늘날 세계에서 진정한 사랑(에로스)이 위기에 처하게 된 이유에 대해 다루고 있는 책이다. 제목만 들으면 말랑하고 간지럽게 느껴질지도 모르겠지만, 철학에 관한 다소(굉장히) 난해한 설명들이 많아서 멤버 여럿이 곤혹스러워했다. 《에로스의 종말》을 읽자고 제안한 것은 바로 나인데, 이 책을 내게 소개한 친구의 말 때문이었다.

하루는 그 친구와 북촌에서 술을 마시다가 사랑에 관한 이야기가 나온 적이 있었는데, 그때 나는 전 연인(당시에는 현 연인)을 무척이나 사랑했고, 우리는 물리적 이별이 예정되어 있었다.

"나는 왜 이렇게 이별을 두려워하고 이별에 아파하는 걸까?"

"한병철의 《에로스의 종말》이라는 책 읽어봤어? 사랑은 자아를 파괴하고 그 자리에 타자가 침입하는 거래. 그러니까 이별은, 나를 채운 타자가 내 인생에서 소멸되는 거니까 곧 자아의 상실 아닐까?"

나는 그날 진득한 사랑 얘기와 함께 매콤하게 취해버렸고, 술자리에서 있었던 대화의 대부분도 기억하지 못했다. 그러나 다음날, 그리고 그 후까지도 저 말은 한참이나 내 뇌리에 생생하게 남아있었다. 그때 내게 사랑이란 무엇보다 큰 주제였으므로 나는 고민 없이 책을 구매했다. 그리고 일 년도 더 지나 이 책을 월간 위대함 멤버들과 함께 읽게 되었다.

    책은 얇았지만, 한 장 한 장을 넘기는 것이 수월하진 않았다. 많은 멤버들이 책의 난해함에 난색을 표하며 독후감을 작성했고, 그중에는 현대 사회에서 진정한 에로스의 실현 가능성에 대해 의문을 제기하는 멤버도 있었다. 멤버 A는 '참트루퓨어러브란 무엇일까, 애초에 그런 게 존재했고 존재하고 있나?'라는 생각이 들었다고 한다. 사회적·경제적으로 비슷한 수준의 사람을 찾고 그를 좋아하게 되는 건 진정한 사랑이 아닌 건지에 대한 의문도 들었다고. 그는 본인의 경험상, 비슷한 삶을 살지 않은 사람들과의 소통이 너무나도 어렵다는 걸 느꼈다고 했다. 그의 독후감을 읽고 나에게도 이런 의문이 생겼다. 여러 조건을 나열하고(이를테면 결혼정보회사처럼) 점수를 매겨 매칭을 하는 연애가, 바람직하다고까지 할 수는 없을지 몰라도 현대인들에게 가장 적합한 사랑의 시작이 아닐까? 복잡다단한 사회에서 누군가를 사랑하기는커녕, 서로 소통하기도 쉽지 않은 일이니 말이다.

비장하게 '곧 죽어도 자만추'를 외치는 나는 절대 NO였던 소개팅이나 연애 프로그램도 같은 맥락에서 보니 이해가 되었다. 고려해야 할 게 많은 현대사회에서 연애는 섣불리 시작하기 쉽지 않은 행위다. 짧은 시간 안에 상대를 면밀히 살펴보려면 명확히 수치화할 수 있는 조건만 한 게 없으니까.

사랑에 관해 비관적인 의견을 보인 다른 멤버도 있었다. 멤버 B는 독후감의 시작에서 "사랑은 없다. 그게 내가 내린 결론이다."라고 밝혔다. 그가 정의 내린 사랑은 총 2단계. 1단계는 연애를 하면 누구나 하는 일련의 과정(추측건대 썸, 고백, 1주년 기념 등등이 아닐까?)을 거치는 것이고, 2단계는 남들에게 쉽게 말하기 힘든 서로의 생각과 가치관을 온전히 이해하고 존중하는 경지라고 한다. 그는 사랑이 '아예' 없지는 않지만 '사실상' 없다고 생각한다고 했다. 본인을 포함한 현대인들은 피해 보는 것을 싫어하고, 손익 계산에 밝고, 가성비에 민감하기 때문이라고. 2단계의 사랑을 이룰 수 없을 것 같아 반포기 상태라고 밝힌 그는, "아마 다들 상처받는 게 무서워서 벌벌 떠는 걸지도 모르겠다."라는 씁쓸한 말로 독후감을 맺었다.

멤버 B의 말은 몹시 일리가 있다. 나부터도 그러니까. 나는 사랑에 상처받고 싶지 않았고 그래서 연애를 하는 동안 상대방이 나를 진정으로 사랑하는지 끊임없이(비유적 표현이 아니라 문자 그대로 매 순간) 물었다. 정말 상처받기 싫어서 '벌벌' 떤 셈이다. 내가 누군가의 앞모습을 보고 싶다면, 마주하며 나도 앞모습을 보여야 한다. 그러나 난 상처받고 싶지 않다는 이유로, 상대방을 실망시키지 않고 싶단 이유 하나로 내 앞모습 대신 무수히 조각난 옆모습을 합친 것들을 보이고 있었다. 난 누군가의 앞모습을 보고 끝도 없이 실망할 준비가 되어있다. 그러나, 내가 상대방을 실망시킬 준비가 되었냐는 물음엔 여전히 대답하기 어려워진다. 상대방을 온전히 내 앞모습으로 맞이하기에는 내 안의 망설임이 너무나도 크기 때문이다.

한편, 이 책에서 응원을 얻은 멤버도 있었다. 멤버 C였다. 그는 내가 쓴 독후감 중 이 부분이 제일 공감되었다고 말했다.

나는 사랑하는 상대의 모든 것을 이해하고자 하는 것을 넘어서, 상대가 나를 사랑하는 이유조차 내가 모두 이해할 수 있기를 바랐다. 게임에서 점수를 쌓듯이, 내가 그를 기쁘게 하면 그가 나를 사

랑하고, 그를 실망시키면 나를 덜 사랑할 것이라고 생각했다. -《에로스의 종말》지수 독후감 中

    학업이든 직장 생활이든 어렵지 않게 해내왔다고 자부하는 C의 순탄한 인생에도 가끔 힘에 부치는 순간들이 있었으니, 그때마다 말썽을 부리는 건 늘 연애였다고.

    "갓 시작된 연애 초반의 화력은 시간이 지나면 힘을 잃었고, 내가 들인 진심의 무게는 늘 상대의 것보다 무거웠다. 뜻대로 되지 않는 연애가 거듭될수록 연애를 시작한 기쁨보다 끝을 가늠하는 두려움이 컸고, '지금 상대는 웃으면서 밥을 먹고 있지만, 내일이면 헤어지자고 말할지도 몰라'라는 근거 없는 추측이 내 머릿속을 지배했다. 상대의 말과 행동 하나하나에 온 신경을 곤두세웠고, 남에게는 한없이 관대한 내가 나 자신에게만 드높은 잣대를 들이대며 나를 갉아먹곤 했다."

    그럼에도 그는 다시 연애를 하고 싶다고 밝혔다.《에로스의 종말》을 통해, 사랑할 때 최악이 되는 모습을 두려워하기보다 자연스럽게 받아들일 수 있는 용기를 가지게 되었다고 했다.

"저자는 사랑을 '안락함'과 다르다고 말한다. 타자의 발견을 위해 자아조차 파괴시킬 수 있는 것이 사랑이고, 그렇기에 사랑은 나 자신을 괴롭게 만들 수 있다. 안락함을 느끼는 것은 내 현재 욕망과 동일한 타자를 갈구하고, 더 나아가 소유하려는 나르시시즘에 불과하다. 사랑할 때 최악이 되는 건 어쩌면 당연한 일인 건가 싶어 저자의 말에 용기를 얻었다."

소통을 어렵게 만드는 시대, 상처받는 게 무서워서 벌벌 떠는 우리들. 저자가 말하는 '에로스의 종말'은 세상에 도래하다 못해 만연해 있다. 그러나 '현실적인 조건'을 생각하면서도 실은 누구보다도 '운명'을 믿는 멤버 A처럼, 사랑 앞에 최악이 된다고 생각하면서도 다시 시작해 볼 용기를 가지게 된 멤버 C처럼. 진정한 에로스가 가능하냐고 의심하면서도 만나면 수상할 정도로 사랑 얘기만 하는 우리들은 사실 마음속 한구석에 에로스를 염원하고 있는 걸지도 모른다. 내 자아가 전부 파괴되고 오로지 나는 상대로서만 존재하게 되는 사랑을 우리 중 누가 해보았고, 또 할 수 있겠냐마는, 그럼에도 '사랑'에 쏟는 관심과 열정과 시간이 넘치는 우리는 여전히 '에로스 지망생'이 아닐까?

하은

함께 읽기의 힘,
도둑맞은 집중력 되찾기

디지털에 집중력을 도둑맞은 시대. 사람들은 손에 든 스마트폰을 내려놓지 못하고, 두꺼운 책 한 권을 다 읽는 일을 벅차게 느낀다. 우리도 그렇다. 그래서 집중력을 도둑맞은 우리는 도저히 두꺼운 책을 혼자 읽을 자신이 없어서 모여서 함께 읽기로 했다.

혼자서는 읽기 힘든 책이지만 여럿이 함께라면 읽을 수 있을 것 같았다. 같은 공간에서 서로가 서로의 감시자가 되어주며 읽으면 혼자 읽는 것보다 잘 읽을 수 있지 않을까? 시작은 '책 읽기보다 사람이 좋아서 모임에 나오는, 그러나 한

번도 책 읽기와 독후감 쓰기에 소홀한 적은 없는' Y의 번개 제안에서 비롯되었다. 번개 제안 공지는 이랬다.

리드 윗미 번개
준비물: 사피엔스와 독서 의지

책이 총 605페이지입니다. 일상 속 우선순위에 밀려 아직 책을 많이 못 읽으신 분들, 토요일에 만나서 함께 읽어요!

그렇게 멤버들을 모았고, 이 공지에 따라 우리는 모였다. 그날 다시 한번 공지했다.

"6시부터 9시에 책 읽기 번개 진행. 오다가다 혹시 지나가시는 분들 놀러 오세요."

장소와 시간을 정해두니, 각자 올 수 있는 시간에 사람들이 드나들며 참여할 수 있었다. 모여서 멤버들을 책 읽으면서 기다리고 있으니 그 장소가 정말 '아지트' 같았다. 나는 그날의 장면을 기록해 두고 싶어서 타임랩스로 모임의 모습을 찍었고, 영상을 단톡방에 올려 오지 못한 멤버들에게도 공유했다. 책을 읽고 있는 여러 명의 모습은 조용하면서도 따뜻한 장면으로 다가왔고 오래도록 좋은 기억으로 남았다.

그때의 우리는 각자 손에 책을 들고 있으면서도 서로의 시선을 느꼈다. 책을 읽는 것 자체보다 중요한 것은, 함께하는 사람들 덕분에 내가 계속해서 책에 집중할 수밖에 없다는 사실이었다.

두꺼운 책인 데다 주어진 시간도 2시간뿐이라 우리는 책을 다 읽진 못했다. 하지만 중요한 것은 늘 시작이다. 읽기 시작하면 가속도가 붙기 마련이니까. 우리는 함께 읽기 모임을 마치고 평일에도 줌으로 또 만나기로 했다.

"리드 윗미 번개 영상 공유합니다. 같이 읽으니까 집중 잘 되고 좋아서 돌아오는 화수 밤 10시부터 11시에 리드윗미 줌 번개 진행해 볼게요. 많은 참여 부탁합니다."

당일에 한 번 더 공지를 했다.

"5분 정도 간단한 인사 나눈 후에 바로 사피엔스 책 읽기. 집중력 도둑맞으신 분들 모여요. 구경꾼도 감시자도 대환영."

책을 읽으러 모이는 자리지만 다들 반가움에 수다를 떨고 싶은 마음이 드는 게 당연하다. 하지만, 그러다 보면 주객이 전도된다. 때문에 나는 엄격한 관리자의 역할을 맡았다. 엄격하게 굴어도 기분 나빠하지 않고 잘 따라와 주는 멤버들 덕분에 잘 해낼 수 있었다. 내가 자칫 딴 길로 빠지면 다른 멤버가 엄격한 관리자가 되어 나를 도와주기도 했다.

우리는 줌 모임 사진을 찍어 다른 멤버들에게도 공유했다. 우리가 모여서 얼마나 재밌게 읽었는지 보여주고 싶었다. 해보니 너무 좋았고 안 해본 다른 멤버들도 이 경험을 하게 해주고 싶은 이유였다. 생각보다 너무 잘 읽어서 목요일에도 한 번 더 진행했다.

그렇게 우리는 주말에 한 번의 오프라인, 평일에 세 번의 줌으로 함께 읽기 모임을 진행했다. 바쁜 일상 속에서도 참여해 준 멤버들이 너무나 고마웠다. 하루만 참석한 사람도, 두 번 온 사람도, 매번 빠지지 않은 사람도 있었다. 어떤 멤버는 궁금해서 잠시 구경만 하고 가기도 했다. 모두의 소중한 참여 덕분에 리드 윗미는 대성공이었다. 작은 일에도 다정하게 응답해 주는 사람들이 있다는 것은 큰 행운이다.

우리는 집중력이 약해진 이 시대에, 따로 또 같이 함께 읽는 시간을 통해 다시 집중력을 되찾는 시도를 해보았다. 이 경험은 나에게 그리고 함께 한 모두에게 큰 유대감을 선사했다. 함께 읽는 시간은 우리를 더 단단하게 이어주는 힘이 되었고, 그 시간 속에서 우리는 든든한 동료의식을 느꼈다. 혼자가 아닌 함께 한나는 것, 그 안정감이 얼마나 큰 힘이 되는지 그 경험으로 깨달았다.

그래서 그 뒤로 주변 사람들에게 마음이 맞는 '동료 타령'을 하고 다니기 시작한 건 안 비밀. 그 후로도 그날을 생각하면 함께라면 무엇이든 해낼 수 있을 것 같은 마음이 든다.

수지

책+영화=?

나는 독서 모임에 참여할 정도로 책을 좋아하지만, 사실 영화를 더 좋아한다. 그래서 월간 위대함에서 책 《나는 앞으로 몇 번의 보름달을 볼 수 있을까》와 영화 〈마지막 황제〉를 같이 보고 만나기로 했을 때에도 부담 대신 설렘만 가득했다.

우리가 같이 본 영화 〈마지막 황제〉는 책 《나는 앞으로 몇 번의 보름달을 볼 수 있을까》를 쓴 류이치 사카모토가 음악 감독으로 참여한 영화다. 나는 책을 먼저 읽고 영화를 봤는데, 평소 신경 쓰이지 않던 영화 음악이 유독 귀에 들어왔다. 류이치 사카모토가 음악을 만들 때 어떤 생각을 하고, 투병 중에도 얼마나 음악에 열정을 쏟았는지 책을 통해 알게 된 영향이었을 것이다.

그 덕에 단순히 영상과 서사에만 집중하는 것이 아니라, 음악이 장면과 어떻게 어우러지는지, 어떤 감정을 더해주는지를 의식하며 영화를 보게 되었다. 기존에 영화를 감상하는 방식과는 확연히 달랐다. 관련된 분야의 책을 여러 권 읽으면 새로운 시각이 열린다고들 하는데, 아마 이런 경험이 그 예가 아닐까 싶다.

모임에서는 책과 영화의 직접적인 연관성이 크지 않아서 파트를 나눠 따로 이야기했다. 책은 음악, 투병 생활, 그리고 일상에 대한 에세이였기에, 그의 음악적 고민과 죽음을 대하는 태도에 대한 이야기를 나눴다. 영화에 관해 이야기를 나눌 때는 평소 영화관에서 나올 때처럼 자유롭게 의견을 주고받기도 하고, "마지막 황제처럼 작은 나라 안에서 왕으로서 모든 걸 누리며 살기 (대신 평생 나라 밖으로 나갈 수 없음) VS 지금의 내 모습대로 살기 (부귀영화는 없지만 자유롭게 살기)" 같이 엉뚱한 질문을 던지며 각자의 가치관을 돌아보기도 했다. 책과 영화를 함께 보는 경험이 기대 이상으로 만족스러웠던 나는 같은 방식의 모임을 또 한 번 제안했고, 영화감독인 고레에다 히로카즈의 책《영화를 찍으며 생각한 것》과 그의 영화 〈어느 가족〉를 함께 보기로 했다.

나는 이때도 책을 먼저 읽었는데, 각 영화를 만들 때 감독이 했던 고민과 의도를 알고 나니, 이미 본 작품들도 새롭게 다가왔다. 이후 〈어느 가족〉을 다시 볼 때도 마찬가지였다. 좋아하는 작품이라 여러 번 본 영화임에도 전에는 보이지 않던 시선이 느껴졌다.

예를 들어, 감독은 책에서 "알기 쉬운 흰색과 검은색의 대비가 아니라 회색 그러데이션으로 세계를 기술하려 했습니다. 영웅도 악당도 없는 우리가 사는 상대적 가치관의 세계를 있는 그대로 그리고 싶었던 것입니다."라고 말했는데, 이 관점을 알고 나니 영화 속 인물들의 관계와 전반적인 설정에서 어떻게 회색 그러데이션을 표현하려고 했는지가 보였다.

모임에서는 지난번과 마찬가지로 책과 영화에 대한 질문을 따로 나누며 더 풍성한 대화를 이어갔다. 각자의 일에 대한 생각부터 영화 속 인물, 가족, 공동체에 대한 의견까지 나눌 수 있었다.

이후에도 우리는 종종 책과 영화를 함께 보고 이야기했다. 고른 책과 영화의 연관성이 크든 작든, 책만 읽을 때와는 또 다른 신선한 자극을 얻을 수 있었다. 무엇보다도, 함께 감상하고 대화를 나누는 과정에서 이야깃거리가 두 배, 혹은 그 이상으로 늘어나 더욱 풍성한 경험이 되었다. 아마 앞으로도 우리는 책을 읽고, 영화를 보고, 그 사이에서 새로운 연결점을 찾으며 이야기를 나누게 될 것 같다. 그 과정에서 또 어떤 뜻밖의 발견과 즐거움을 마주하게 될지 기대하며, 또 다른 조합을 고민해 본다.

수지

토론에 참여하는 여러 가지 방법

 실제로 나를 만나본 사람은 이미 알고 있는 사실이겠지만, 나는 말이 많다. 매일 가족, 친구, 회사 동료들과 말하는 것도 모자라 돈을 내면서까지 매월 책에 대해 말하고, 여전히 할 말이 남아 이렇게 글까지 쓰고 있는 것만 봐도 내가 하고 싶은 말이 얼마나 많은지 짐작할 수 있을 것이다.

 그래서 처음 독서 모임에 갔을 때, 아무도 선뜻 말을 꺼내지 않는 상황이 신기하게 느껴졌다. 막연히 독서 모임을 상상했을 때 서로 다른 의견을 치열하게 주고받는 장면이 떠오르던 터라, 이런 상황이 더 어색하게 느껴졌다. 말을 할 수 있는 절호의 기회를 놓칠 수 없었던 나는, 조금 눈치를 살피다 내 의견을 말하기 시작했다.

그렇게 정신없이 대화를 나누다 보니 어느덧 마무리 토크 시간이 다가왔다. 그리고 나는 그제야 모임 내내 거의 한마디도 못한 멤버가 있다는 사실을 깨달았다. 파트너가 골고루 의견을 물어보긴 하더라도, 정해진 시간이 있고 인원이 열 명이 넘다 보니 모임 내내 거의 한마디도 못하는 멤버가 생길 수밖에 없었다. 게다가 나처럼 물어보지 않아도 의견을 내는 멤버도 있다 보니 더 그랬을 것이다.

'아, 오늘 내가 말을 너무 많이 했구나'하며 속으로 뒤늦은 반성을 하고 있었는데, 말을 거의 하지 못했던 멤버들로부터 뜻밖의 후기가 들려왔다. 다른 분들의 다양한 의견을 들을 수 있어서 오늘 토론이 너무 만족스러웠다는 후기였다. 솔직히 처음엔 의심을 했다. 어떻게 듣기만 했는데 만족스러울 수가 있지? 하지만 다음 시즌도 계속 참여할 정도로 그 만족 후기는 진짜였고, 호기심이 넘치는 나는 그 멤버들의 만족감은 대체 어디에서 오는 것인지 궁금해졌다.

그래서 처음으로 발제를 하게 된 날, 혼자만의 목표를 세웠다. '나는 말을 최소한으로 줄이고, 최대한 많은 사람이 말을 하게 하자. 그리고 나도 듣는 것에 집중해 보자.' 발제를 할 때에도 누구나 쉽게 이야기를 꺼낼 수 있는 주제가 뭘까? 어떤 순서로 이야기를 해야 생각이 연결되기 쉬울까? 등 최대한 많은 사람이 말하게 하자는 목표에 맞춰 주제를 고민했다. 주제를 정한 뒤에는, 각자 생각할 시간을 충분히 갖고 말할 수 있도록 욕심을 버리고 질문 수를 최대한 줄였다. 토론 중에는 내 의견이 있어도 다른 의견을 듣는 것에 집중했다. 아직 말을 안 한 멤버나 평소 말이 적었던 멤버가 보이면 일부러 질문을 던졌다.

말하는 대신 듣는 것에 집중하자 확실히 더 많은 의견을 들을 수 있었고, 또 다른 재미를 느낄 수 있었다. 특히 평소 말이 적었던 멤버들의 이야기는 신선하게 다가왔다. 그동안 듣지 못했을 뿐, 모두들 각자만의 명확한 의견을 갖고 있었던 것이다. 또, 파트너의 역할을 간접적으로 체험하면서 원활한 토론을 진행하기 위해서는 생각했던 것보다 훨씬 많은 것을 신경 써야 한다는 것도 알게 되었다. 누가 의견을 말하지 못했는지, 이럴 때는 누구에게 물어보는 게 좋은지, 시간 배분은 어떤지 등 가만히 지켜보고만 있는 것 같아도 머릿속은 분주했다.

그렇다. 지금까지 나는 토론에 참여하는 방법 중 한 가지만 알고 있었던 것이다. 반드시 의견을 말해야만 토론에 참여하고 있는 것이 아니었다. 그동안 나는 내 의견을 정리하고 말하느라 모르고 있었지만, 누군가는 다른 의견을 듣고 사색하는 방식으로, 누군가는 MC처럼 의견을 조율하고 시간을 관리하는 방식으로 토론에 참여하고 있었다. 그렇기에 토론이 원활하게 이뤄졌던 것이다. 만약 그렇지 않고 나처럼 의견을 말하는 방식으로 참여하는 사람들만 있었다면, 독서 모임 대신 〈쇼미더머니〉처럼 마이크 쟁탈전이 벌어졌을지도 모른다.

만약 예전의 나처럼 독서 모임에 관심은 있지만, 치열한 토론을 떠올리며 부담감에 망설이고 있는 사람이 있다면, 토론에 참여하는 방법이 하나만 있는 게 아니라는 것을 꼭 말해주고 싶다. 토론은 다양한 의견만큼이나 참여 방식도 다양하다. 틀린 의견이 없듯, 토론에 참여하는 방법에도 정답은 없다. 꼭 의견을 말하지 않아도, 다른 방식으로도 충분히 만족스러운 경험을 할 수 있다. 어쩌면 매번 마무리 토크 때마다 속으로 반성하는 나보다 더 만족스러울지도…….

수지

독서 모임은 핑계일 뿐

 책 《영화를 찍으며 생각한 것》을 읽고 '가족이란 무엇인가'를 주제로 열띤 논의를 하던 중에, 누군가 말했다.

 "사실 가족보다 여기 있는 사람들을 더 자주 만나는 것 같아요."

 웃프지만 누가 봐도 명백한 사실이었다. 친구가 없는 건 아닐지 의심스러울 정도로 우리는 굉장히 자주 보는 사이였다. 공식적으로는 한 달에 한 번 책을 읽고 만나는 모임이지만, 사실은 빙산처럼 비공식적인 일정이 잔뜩 숨어 있기 때문이다.

 첫 번째 비공식 일정은 독서 모임 후 뒤풀이다. 월간 위대함의 모임 시간은 일요일 3시라, 모임이 끝나면 먼저 말을 꺼내지 않아도 자연스럽게 저녁 메뉴를 같이 고민하게 된다. 이미 세 시간이 넘게 떠든 뒤라 집에 가고 싶은 마음도 굴뚝같지만, 치킨, 떡볶이 같은 메뉴를 들으면 위장이 먼저 반응하고 만다. 그렇게 함께 저녁을 먹다 보면 모임에서 듣지 못했던 자세한 근황부터 고민 상담, 인생 영화, 퇴사, 연애 등 각종 흥미진진한 대화 주제가 쏟아진다. 그러다 대화가 길어지면 누군가 슬쩍 묻는다.

"혹시…… 2차 가실 분?"

결국, 그날 모임의 진짜 이야기는 뒤풀이부터 시작된다고 해도 과언이 아니다.

두 번째 비공식 일성은 번개다. 말은 번개지만, 사실 매월 한 명을 정해서 그 사람이 하고 싶은 활동을 제안하고 날짜와 장소를 조율하는 식이다. 그래서 누가 번개를 여는지에 따라 모임 주제가 완전히 달라진다.

처음엔 가벼운 활동을 핑계로 술을 먹는 자리가 아닐까 싶었는데, 역시 월간 위대함의 멤버들은 번개에도 진심이었다. 한강 소풍, 전시, 연애 프로그램 단체 관람 등 제안된 활동들은 흥미를 자극했다. 자연스레 참여율도 높아졌고, 덕분에 대학생 새내기가 된 기분으로 1박 2일 MT를 가고, 겨울에는 스키를 타러 가기도 했다. 이렇게 다양한 활동을 함께 하다 보니, 독서 모임에서는 알지 못했던 멤버들의 매력을 알아가는 재미도 쏠쏠하다.

마지막 비공식 일정은 즉흥적으로 만나는 진짜(?) 번개다. 정기 번개만으로 부족했던 것일까, 더 놀고 싶은 것일까, 부르면 잘 나오는 사람들이 여기에 유독 많은 걸까. 이유는 모르겠지만 진짜 번개도 활발하다. 이런 제안도 용기가 필요한 법인데, 다들 덥석 물어주는 덕분에 망설임 없이 제안할 수 있다. 그리고 자주 시간을 내주는 멤버들이 고마워서, 나 역시 누군가의 제안에 흔쾌히 응하게 된다.

이렇게 공식 일정 외에도 여러 비공식 일정을 소화하다 보니, 우리는 자주 만날 수밖에 없다. 그리고 이 잦은 만남은 또 하나의 선순환 구조를 만들어낸다. 한 번 빠지면, 다음 모임 뒤풀이나 번개에서 FOMO(Fear of Missing Out)를 경험하게 되고, FOMO를 경험한 사람들은 결국 다음 일정에 참석하게 되니까. 그렇게 참석률이 높아지면, 대화는 더 즐거워지고,

즐거운 대화는 우리가 자주 만나는 또 다른 이유가 된다.

학교에 다닐 때는 새로운 사람들을 만나 함께 시간을 보내는 일이 당연하게 느껴졌다. 하지만 이제는 각자 일과 삶이 있고, 그동안 쌓아온 관계들도 있어 새로운 인연을 맺기가 쉽지 않다는 것을 안다. 그래서일까, 항상 함께하는 월간 위대함 멤버들이 내게 더욱 소중하게 느껴진다. 어쩌면 독서 모임은 핑계일지도 모른다. 하지만 나는 앞으로도 이 핑계가 오래 지속되기를 바라며 또다시 독서 모임에 간다.

하은

독서 모임에서
연애할 수 있나요?

자, 이제 어쩌면 누군가에게는 제일 중요하고도 궁금할 질문에 대해서 드디어 이야기해 보자.

"독서 모임 연애하러 가는 거 아니야?" 독서 모임 다닌다고 하면 가끔 이런 질문을 받는다. 내가 다니는 트레바리 독서 모임은 '듀레바리' 혹은 '듀오바리'라는 별칭까지 있을 정도로 연애하러 다니는 곳이라는 인식이 있다. 정말 독서 모임은 연애하러 가는 곳일까? 아니 정말 독서 모임에 가면 연애할 수 있을까? 실제로 그 목적이 1순위는 아니라도 연애를 목적으로 들어오는 사람들이 꽤 많다는 것은 부정할 수 없다. 그렇다면 그 목적으로 오는 사람들은 다 목적을 달성할 수 있을까? 연애를 하는 사람은 어떻게 연애하고, 연애하지 못한다면 어떤 의미가 있을까?

당연하게도 독서 모임에서는 취향이 비슷한 사람을 만나기 쉽다. 일단 독서 모임에 온다는 것 자체가 이미 하나의 큰 취향이 된다. 등산, 러닝과 같은 운동 크루나 와인, 커피, 사진, 여행 등등 특정한 관심사를 좋아하는 다른 모임도 있는데 '독서' 모임을 선택했다는 자체부터가 어느 정도는 이미 취향이니까. SNL에서 러닝이 목적이 아니라 연애를 목적으로 한 러닝 크루를 희화화한 것도 결국 이런 취향 기반 모임이 사람들을 가까워지게 만든다는 반증일지도 모른다.

만약 연애하고 싶어서 이 글을 읽고 있긴 하지만 내 취향이 독서가 아니라면 굳이 연애를 주목적으로 억지로 책을 읽고 독후감을 쓰면서 독서 모임에 올 필요는 없다고 말하고 싶다. 오히려 넷플릭스 예능 프로그램인 〈동미새: 동호회에 미친 새내기〉를 보면서 본인에게 맞는 취향 모임이 무엇인지 찾아보는 것을 추천한다.

독서 모임 중에서도 어떤 주제의 클럽을 선택할 것이냐에서 또 한 번 취향이 좁혀진다. 문학, 영화, 음악, 투자 등 각자의 관심사가 중심이 되니, 비슷한 취향을 가진 사람을 만날 확률이 높고 공감대가 형성되기 쉽다. 그래서 비슷한 취향은 자연스러운 끌림으로 이어지기 쉽다. 때문에 독서 모임은 연애를 시작하기에 꽤 좋은 조건을 가지고 있다는데는 의심의 여지가 없다 실제로 나 역시 독서 모임에서 매일이 행복한 연애를 했다. 그런데 그 경험을 돌이켜 보면 단순히 취향이 '같아서'만은 아니었다.

H와 나는 영화와 책을 중심으로 한 독서 모임에서 만났다. 누군가는 영화를 보거나 소설을 읽는 시간을 낭비로 생각하기도 하지만, 우리는 둘 다 콘텐츠를 보는 것을 매우 좋아했고 그 시간을 삶에서 소중한 시간으로 두고 있었다. 취미가 잘 맞으니 함께 시간을 보내는 일이 자연스럽고 즐거웠으며, 같은 콘텐츠를 보면서 서로 다른 관점에서 나누는 대화도 특별하게 느껴졌다. 콘텐츠를 좋아하는 성향은 비슷하지만 각자의 생각이 달랐고, 오히려 그 차이 덕분에 더 신선함을 느낄 수 있었다. 어쩌면 독서 모임에서의 토론처럼 서로의 생각을 주고받는 과정이 우리를 더 가까워지게 만든 것 같다.

연애 여부와 상관없이, 독서 모임에서 나누는 대화는 그 자체로 충분히 의미 있다. 사람들은 서로의 연애관과 가치관을 탐구하며 생각을 나누고, 때로는 연애나 인생 상담자가 되기도 한다. 어떤 시기에는 외로움을 달래주는 든든한 친구가 되기도 하고, 헤어진 인연의 속상한 이야기에 같이 울어주기도 하며, 누군가의 이상형에 어울릴 법한 사람을 열심히 찾아서 소개해 주기도 한다. 무엇보다 그런 대화를 통해 자기 자신을 돌아보고, 타인을 이해하면서 조금씩 성장해 간다.

독서 모임에서 자주 하는 질문 중 하나는 이상형을 묻는 질문이다. 누군가에게 이상형이나 연애관을 묻는 일에는 단순한 호기심 이상의 의미가 담겨 있다. 어떤 사람을 좋아하는지 물어보고 그 사람이 좋아하는 이성을 알게 되면 그 사람을 더 잘 알게 되는 것 같은 기분이 들기도 한다. 자연스레 그 사람의 가치관과 삶의 방식을 엿보게 되고 잘 어울리는 사람을 소개해 줄 수도 있다. 물론 흑심을 품고 묻는 사람도 있고, 순수하게 누군가를 소개해 주기 위해 묻는 경우도 있겠지만. 나는 그 과정에서 서로의 이해와 관계가 깊어진다고 믿는다.

독서 모임에서 연애는 가능하지만, 그게 전부는 아니다.

이곳에서는 연애보다 더 다양한 관계가 싹튼다. 친구, 동료, 때로는 인생의 동반자까지. 서로를 읽고 쓰고, 오독했다가 지우고, 다시 쓰면서 서로의 삶에 영향을 주고받으며 함께 성장해 가는 경험을 할 수 있다. 취향이 같다는 건 비슷한 마음의 모양을 가지고 있다는 것이고 그런 사람들을 만날 수 있는 공간이 있다는 것은 연애 이상의 가치가 아닐까?

그렇다면 다시 질문의 답으로 돌아가서, 독서 모임에서 연애를 할 수 있느냐는 질문에는 주저 없이 예스를 외칠 수 있다. 그러나 그것이 독서 모임의 전부는 아니다. 중요한 건 이곳에서 만나는 사람들이 내 세계를 넓혀주고, 때로는 나의 연애관과 인생관을 바꿔놓기도 한다는 점이다.

취향이 같아서 끌리고, 달라서 궁금했던 사람과 같은 책을 읽고 서로의 생각을 나누다가 각자의 삶에 스며들어 결혼까지 한다면? 이런 청첩장 문구를 쓸 수도 있을 것이다. 누군가에게 이 사진이 하나의 대답이 되길 바란다. H와 나는 이렇게 적었다.

초대합니다

같은 책과 영화를 보며
서로의 단 한 사람으로 번져간 두 사람

함께 경험하고 감동하며 시간을 보내는 것의
소중함과 행복을 알게 되어
서로를 읽으면서 우리를 만들어가는
그 다정한 일을 평생 함께 하려 합니다.

두 사람의 첫 페이지에 기록될 하루에
오셔서 축복해주시면 감동으로 간직하겠습니다.

하은

수상할 정도로
게임에 진심인 사람들

멤버들의 진짜 매력이 발산되는 순간은 의외의 순간에 찾아오기도 한다. 바로 게임을 하는 순간이다. 독서 모임에서는 책을 읽고 각자의 생각을 나누며 토론하는 시간이 중심이지만, 엠티에서의 게임은 또 다른 방식으로 서로를 새롭게 발견하는 시간이다. 책을 통한 대화가 서로의 내면을 이해하게 한다면, 게임은 멤버들의 예상치 못한 모습과 새로운 면모를 보여준다. 책 속의 글자들 대신 그 자리에 게임과 승부욕으로 가득 찬 순간들이 채워진다.

자발적으로 구성된 '엠티 준비 위원회'는 마치 축제 혹은 예능 방송을 준비하듯 재능 낭비 수준의 열정을 쏟는다. 랜덤 음악 퀴즈, 몸으로 말해요, 단어 이어말하기와 같은 게임들을 밤새 준비하며, 게임의 밸런스와 팀 구성까지 세심하게 신경 쓴다. 밤을 새워 열심히 하는 우리의 모습을 보며 왜 이렇게까지 하나 생각한 적이 있는데, 따로 말한 적은 없지만 아마도 모든 멤버가 진심으로 즐기고 함께 웃을 수 있는 시간을 만드는 것이 우리에게 더 큰 즐거움을 주기 때문이었던 것 같다. 무심코 지나칠 법한 작은 디테일까지도 놓치지 않는 엠준위의 정성과 노력 덕분에 엠티의 밤은 늘 신나고 즐거웠다.

게임이 시작되면 분위기는 순식간에 뜨거워지는 경우가 많다. 평소에는 차분하던 멤버들도 이 순간만큼은 어린 시절로 돌아간 듯 순수한 승부욕을 불태운다. 멤버들의 눈빛에는 장난기와 진지함이 공존한다. 그 눈빛이 매 시즌 엠티를 준비하는 가장 큰 이유인 것 같다. 팀을 이뤄 승리할 전략을 짜고 함께 목표를 이루는 과정은 멤버들 사이에 새로운 유대감을 만들어 낸다. 본인 팀이 이겨서 하이 파이브를 하고 얼싸안고 큰소리로 웃는 순간의 사진과 영상은 다시 볼 때마다 마음이 따뜻해지고 웃음이 절로 나온다.

가장 흥미로운 것은 게임을 통해 알게 되는 멤버들의 숨겨진 매력이다. 조용하고 얌전하던 멤버가 음악 퀴즈에서 놀라운 댄스 실력을 선보인 경우도 있었고, 평소에는 말을 아끼던 멤버가 순발력과 어휘력으로 모두를 놀라게 한 적도 있었다. 게임은 책을 읽고 토론하던 자리에서는 볼 수 없었던 그들의 또 다른 면을 보여준다. 각자가 어떤 게임에 강한지, 어떤 순간에 약한지, 승리를 위해 얼마나 진지해질 수 있는지, 그리고 패배를 어떻게 받아들이는지—그 모든 과정이 멤버들을 더 입체적인 존재로 발견하게 만들고 한층 더 친해진 기분을 느끼게 한다. 마치 한 권의 책을 읽다가 예상치 못한 반전이나 숨겨진 문장을 발견한 기분이랄까.

게임이 끝난 뒤에도 여운은 쉽게 가시지 않는다. 승부에 대한 아쉬움이 남은 사람도 있고, 뜻밖의 활약으로 주목받은 사람도 있다. 우리는 다시 둘러앉아 오늘의 명장면들을 하나씩 되새긴다. 이 모든 기억들은 단순히 웃고 즐긴 시간이 아니라 서로를 더 가깝게 만들어주는 작은 조각들이 되기에 매 시즌에 한 번은 꼭 엠티를 가려고 노력한다.

우리는 모두 수상할 정도로 게임에 진심이었다. 아마 다음 엠티에서도 분명 또 다른 숨겨진 매력을 발견할지도 모른다. 아니, 분명히 발견될 것이다. 게임 한 판에 이렇게까지 진심일 필요가 있을까 싶다가도, 그 순간을 떠올리면 지금도 입꼬리가 올라가는 걸 보니, 조만간 또 엠티 추진 위원회를 소집해야 될 때가 된 것 같다.

수지

소모임의 탄생

'월간 위대함을 하며 생각한 것', '위대한 오운완 클럽'. 세 번째 시즌에 접어들자, 각종 화려한 이름의 소모임이 탄생하기 시작했다. 진심으로 재미있어 보였는지, 아니면 그저 FOMO 때문인지, 각자 소모임에 참여한 이유는 알 수 없지만 두 개의 소모임 모두 말 한마디에서 시작되었다.

월간 위대함을 하며 생각한 것(월위대생)은 지금 이 책을 만들기 위해 모인 모임으로, "나도 이 책처럼 책 한 권 써보고 싶다"고 내가 한 말에서 시작되었다. 여기서 말하는 책은 고레에다 히로카즈 감독이 쓴 《영화를 찍으며 생각한 것》으로, 내가 발제를 맡아 월간 위대함 세 번째 시즌에서 함께 읽었던 책이다. 제목 그대로 감독이 그동안 영화와 다큐멘터리 등을 찍으며 생각한 것들을 정리한 내용의 책인데, 책을 읽는 내내 '평소 일하면서 떠오른 생각들을 이렇게 책이라는 형태로 만들어낼 수 있다니, 참 멋지다'고 생각했다. 그 생각은 분야는 다르지만, 여러 서비스를 만드는 일을 해오고 있는 나도 '서비스를 만들며 생각한 것'을 주제로 책을 써볼 수 있지 않을까 하는 질문으로 이어졌다. 하지만 당장 책을 읽고 독후감을 제출하느라 바빴기에, '책 쓰기'는 언젠가 하고 싶은 일 목록에만 추가해 두었다.

그렇게 언젠가 하고 싶은 일 목록에 있던 책 쓰기를 당장 할 일로 꺼내준 것은 하은이었다. 모임 전 발제를 준비하기 위해 하은, 소영과 따로 만나서 책에 대한 이야기를 나누다가 내가 툭 던진 말이었다. "책을 읽다가 나는 저런 생각도 했어." 하지만 하은은 그 말을 놓치지 않았다. 재미있어 보인다며 같이 해보자고 했고, 나는 그 기회를 놓치지 않았다. 하은은 거기서 멈추지 않고 (최고의 파트너답게) 다른 멤버들도 관심을 가질 수 있으니 이번 독서 모임에 이 프로젝트를 홍보해

보자고 제안했다. 그렇게 지수, 인희, 승호도 월위대생에 합류하게 되었고 총 5명이 모여 지금의 월위대생이 되었다.

반면, 각자 운동을 인증하는 모임인 위대한 오운완 클럽(오운완 클럽)은 승호의 "요즘 운동 다시 시작해야 하는데"라는 말에서 시작되었다. 독서 모임 전, 운동을 다시 하기로 결심한 승호는 평소 운동을 많이 하는 동희와 종훈에게 고민을 나누었고, 정보를 주고받으며 서로 응원도 할 겸 셋이 이 모임을 만들기로 했다. 하지만, 독서 모임 뒤풀이 자리에서 이 모임의 존재가 알려지자마자 너도 나도 참여를 원했고, 결국 15명의 멤버가 함께 하게 되었다. 사실 운동에 익숙한 멤버들과 소규모로 운동을 하려던 승호는 원래 목적과 다른 상황에 살짝 투덜대기도 했지만, 열심히 운동하자며 신나 있는 멤버들을 막을 방법은 없었다. 그렇게 두 개의 소모임이 탄생했다.

책 만들기와 운동 인증이라는 목적에 맞게 소모임에서는 만나는 방식도 달랐다. 월위대생은 연말까지 책을 완성하기 위해 2주에 한 번씩 더 자주 만났고, 온라인 화상회의로 소통했다. (물론 진행 상황이 더디면 오프라인에서 모여 서로를 감시하며 밀린 숙제를 마치기도 했다.) 반면, 오운완 클럽은 정해진 일정 없이 수시로 카톡방에서만 소통했다.

당연히 모임에서 하는 일도 달랐다. 월위대생은 각자 어떤 책을 쓰고 싶은지, 책의 주제와 목차는 어떻게 구성할지 논의하고, 인터뷰, 글 작성, 진행 상황 확인(일명 숙제검사) 등을 진행하며 책을 조금씩 만들어갔다. 오운완 클럽은 각자 운동 인증 사진을 보내거나 운동에 대한 정보를 주고받았다. 강제성은 없었지만, 인증을 하면 하트 이모지를 눌러주거나 'ㅇㅋㅁㅇㅇ[5]' 같은 간단한 메시지로 서로를 격려했다. 가끔 새로 산 운동 장비를 칭찬하거나 운동 영상 속 표정을 놀리기도 했다. (정작 당사자는 즐기는 것 같았다.)

만나는 방식과 목적이 달라져서인지 소모임에서 멤버들의 이제까지 보지 못한 새로운 모습을 발견할 수 있었다. 동현은 (비록 한국에서는 하지 않았지만) 미국 출장 중에도 러닝을 했고, 연하는 (비록 지속되지는 못했지만) 하루도 빠짐없이 운동을 했으며, 동희는 하루에 크로스핏-수영-크로스핏이라는 믿기지 않는 운동 일정을 소화해 냈다.

월위대생의 멤버들은 전원 오운완 방에도 참여하고 있기

---

[5] 왜 이렇게 멋있어'의 준말인 '왜케멋있어'에서 초성을 딴 말로, 위대한 오운완 클럽 내 유행어.

에, 자연스럽게 이들의 더 많은 모습을 볼 수 있었다. 그동안 충분히 가까워졌다고 생각했는데, 몰랐던 모습을 알게 되며 한층 더 가까워진 기분이 들었다. 같은 사람이라도 어떤 목적으로, 어떤 방식으로 만나는지에 따라 이렇게 다른 모습을 볼 수 있다는 게 신기하고 흥미로웠다.

보통 사람을 만날 때 연인은 연인으로, 친구는 친구로, 동료는 동료로 만나곤 했다. 그래서 내가 보지 못한 모습은 대화를 통해 어렴풋이 짐작만 할 뿐이었다. 그런데 독서 모임에서 만난 멤버들이 월위대생과 오운완 클럽에서 보여준 다양한 모습을 직접 확인하면서, 내가 그동안 사람들을 얼마나 내 멋대로 보고 있었는지 깨달았다. 사람은 다양한 모습을 가진 입체적인 존재라는 걸 머리로만 알고 있었던 거다. 가족만큼 가깝다고 생각하는 사람들조차, 심지어 가족마저도 내가 모르는 모습이 얼마나 많을까. 앞으로 사람을 만나고 가까워지면서, 내가 이 사람을 잘 안다는 오만한 생각이 들 때면, 이 경험을 떠올리며 다시 바라봐야겠다.

하은

소소함을 좋아했던 내가
위대함에 빠지게 된 이유

면허를 따고 2년 동안 운전을 하지 않았던 내가 운전 연수를 시작하고, 영어 공부해야지 해야지 말만 하던 내가 영어학원을 등록한 건 어쩌면 모두 월간 위대함 때문에 생긴 변화다.

사실 나는 위대함보다는 소소함, 유용한 것보다는 무용한 것을 더 좋아하는 사람이다. 더 정확하게 이야기하면 소소한 것의 위대함, 무용한 것의 아름다움에 대해 이야기하는 것을 좋아하는 사람에 가깝다. 처음 이 모임의 클럽명인 '위대한 것들'에도 약간 반감을 가지고 있었을 정도였으니까.

하지만, '위대함'을 주제로 책을 읽고, '위대함'을 쫓아가고 싶어 하는 친구들을 만나 이야기하는 시간들을 가지면서 잊고 있던 '위대함'에 대해 꽤 자주, 많이 그리고 긍정적으로 생각하게 되었고 내 안에서 무언가가 확실하게 변했다. 활기와 용기가 다시 생겼다. 따로 또 같이 위대함을 향해가는 동료들이 생겼다는 생각이 들었기 때문이다.

월간 위대함의 멤버들은 각자 자신의 자리에서 보다 적극적으로 삶을 개척해 나가는 느낌이 크게 들었다. 단순히 꿈을 꾸는 것이 아니라, 그 꿈을 실현하기 위해 주도적으로 행동하는 친구들이 많았다. 스스로 발제를 맡고, 번개 모임을 제안하며, 서로의 성장을 독려했다. 그들의 에너지는 나에게도 큰 영향을 주었다.

자연스럽게 지금 내가 다니는 회사와 내가 하고 있는 일이 나의 성취와 성장에 도움이 되는지도 돌아보게 되었다. 혹시 너무 잘 적응해서 그저 안정화된 편안함에 안주하고 있는 것은 아닌지, 월간 위대함 친구들을 만난 후에, 안정 대신 불안을 선택하기로 결심했던 순간들이 떠올랐다. 그때와 조금 다른 점이 있다면 함께 성장할 수 있는 동료를 만나고 싶어진 것.

성장 알레르기가 있던 내가 성장에 대해 다시 생각하게 된 것도 클럽 덕분이었다. 지속적인 성장을 삶의 키워드로 삼게 된 내 변화가 스스로도 놀랍고 의외다. 물론 막연하게 더 멋진 내가 될 거야 하는 생각은 있었지만, 삶의 키워드에 '성장'을 두고 싶진 않았던 것 같다. 성장 드라마를 좋아하면서도 왠지 그랬다. 아마 성장을 앞에 두고 가는 사람 중에 멋진 사람을 그동안 만나지 못해서인지도 모르겠다. 그런데 월간 위대함에서 만난 사람들은 '성장' 키워드를 앞에 두고도 각자의 모습으로 내가 닮고 싶은 만큼 다 멋져서 '성장'을 지향하는 삶도 멋지다고 자연스럽게 생각하게 된 게 아닐까?

내가 가고자 하는 방향이니 커리어와 같지 않더라도 비슷한 결의 에너지를 가진 사람을 곁에 두는 것이 얼마나 중요한지를 몸소 깨달았다. 소소한 일상을 나누고 하루하루의 위로를 공유하는 것도 중요하지만, 때로는 더 큰 이야기를 나누는 친구들도 필요하다. 함께 성장하는 사람들이 곁에 있을 때, 우리는 더 멀리 더 다채롭게 나아갈 수 있으니까.

지수

다름을 인정하는 과정

　동그란 마음, 세모난 마음, 네모난 마음. 세상에는 참 다양한 모양의 마음이 있다. 출근길 1호선을 타려는 긴 줄을 보면 우리는 가만히 있어도 분노가 치밀어 오른다. 오늘은 또 누가 내 어깨빵을 하고 갈까? 오늘은 또 어디서 무료 단소 공연이 열릴까? 당장 내 몸 하나 건사하기 힘든 삶 속에서, 우리는 작은 열차 안 모든 존재가 각기 그들만의 우주를 가지고 있다는 사실을 깨닫지 못하거나 혹은 외면하기도 한다.

　그렇게 달려 도착한 곳. 학교, 회사, 사회 어느 곳에서든 우리는 낯선 사람을 마주한다. 그리고 그들을 좋아하거나 혹은 싫어한다. 사람들이 모인 공동체에 진입해 우리가 가장 먼저 하는 행동은 그곳의 사람을 평가하는 일이리라. 나와 결이 맞는 사람, 내 상식에 부합한 사람, 혹은 그렇지 않은 사람. 나이가 들어가고 겪은 바가 많아질수록 이 허들은 추가되어 갔다. 나와 다른 사람을 이해하고 사랑하기 위해서는 에너지가 필요했다.

그보다는, 나와 다른 사람을 규정하고 멀리하는 것이 비교도 되지 않을 정도로 간편한 일이다. 눈 한 번 딱 감고, 사람들이 지닌 마음을 제대로 보지 않으면 되니까.

그리고 정확히 그곳의 대척점에서, 나 역시도 스스로를 의심하고 괴롭혀야만 했다. 내가 좋아하는 이들의, 멀어지고 싶지 않은 이들의 허들을 통과하고 싶었다. 마음을 졸이고, 했던 말을 다시 되짚어보며 검사했다. 그렇게 내 모습을 돌이키고 전전긍긍하는 과정을 반복하며 나는 여러 번 지쳐갔다.

내 마음이 조금씩 녹기 시작한 건 월간 위대함을 하고부터였다. 책이라는 말랑한 매개가 있어서인지 직업만큼이나 다양한 성향과 성격 모두가 월간 위대함에서는 모나 보이지 않았다. 밖에서 만나면 나쁘게 봤을 법한 누군가의 모습들도 그곳에서는 유독 감싸안게 되었다. 가령, 누군가에게 지나치게 솔직한 말을 해서 내 등골을 서늘하게 만든다거나, 일론 머스크를 신성화한다거나, 나와 다른 진영의 논리를 펼칠 때에도 나는 그들이 밉지 않았다. 그리고 그들을 멀리하고 싶지 않았다. 그래서 누구의 마음도 재단하지 않고, 있는 그대로 이해하려 애썼다. 그러니까 멤버들이 꽃을 피운 식물이라고 한다면, 수술과 꽃잎뿐 아니라 그 뿌리도 함께 보려고 한 셈이랄까.

월간 위대함에서 나는 온전히 나 그대로 이해받았다. 무엇을 더하거나 덜 필요가 없었다. 언젠가 하은과 연하에게 '실제로는 어른스럽지 못한 내 모습'이 싫다고 고백한 적이 있었다. 그러자 그 둘은 "아무도 지수가 어른스럽다고 생각 안 해."라고 말했다. 우스울 수도 있지만, 나는 저 말을 듣기 전에 스스로의 모습에 꽤나 어른스러운 면이 있다고 여겼던 것 같다. 그래서 내 곁에 머무르는 사람들에게, 실은 나약하고 철딱서니 없는 내 성정을 들킬까 늘 두려웠다. 그런데 이미 내 어린 면모를 알고 있다니. 그럼에도 나를 사랑해 주고 지지해 준다니. 덤덤했던 그들의 대답은 내게 큰 힘이 되었다.

나는 나를 그대로 드러낼 수 있게 되었다. 그리고 타인과 다른, 그래서 미흡한 것이라 여겼던 내 모습들도 더는 미워지지 않았다.

동그란 마음, 세모난 마음, 네모난 마음. 월간 위대함에서 마음의 모양은 문제 되지 않았다. 동그라면 동그란 대로, 세모나면 세모난 대로, 울퉁불퉁하면 또 그러한 대로. 우리는 모두 그 안에 깃든 삶을 사랑했다. 그들이 보여준 이해와 사랑은 내게 다름을 인정할 수 있는 용기를 주었다. 타인의 다름을 인정하는 과정, 그리고 내 안에서의 다름을 인정하는 과정. 나는 비로소 내가 지금껏 외면해 왔던 타인의 우주를 다시 볼 수 있게 되었다. 그 우주는 정해진 모양이 없었다. 각자의 모습으로 빛나고 있었다.

수지

만남은 어렵고 이별도 어려워

23명. 1년 동안 월간 위대함을 하면서 총 23명의 사람을 만났다. 한 시즌 인원이 10명에서 17명 사이라는 걸 생각하면 그동안 멤버의 변화가 꽤 많았다는 의미이다. 독서토론이라는 목적과 한 달에 8만 원이 넘는 비용을 생각하면 변화가 많은 건 당연한 일이다.

머리로는 이해했지만, 멤버 한 명 한 명이 떠날 때마다 속상하고 아쉬운 마음이 드는 것은 어쩔 수 없었다. 누군가를 억지로 붙잡을 수 없다는 건 알지만 그냥 쿨하게 헤어질 수는 없었다. 그간 각자 사회생활과 연애 경험에서 갈고닦은 노련미와 찌질미를 발휘할 때였다.

일단 다음 시즌을 확정한 멤버들이 연장을 당연한 분위기로 만드는 것부터 시작했다. 연장 여부를 묻는 질문에 아무렇지도 않게 '당연한 걸 왜 물어보냐'는 표정으로 답하는 것이 포인트였다. 그리고 '다음에 읽을 책', '다음 번개 모임'을 주제로 대화하며 자연스럽게 미래를 꿈꾸게 했다.

누군가 고민하는 듯한 모습이 보이면, 각자의 스킬을 뽐내며 멤버를 붙잡았다. "출장 일정이 두 번이나 겹친다"는 말에 "그럼 두 번은 올 수 있는 거 아니냐"며 논리의 모순을 짚어냈고, 다음 시즌에 읽을 책 후보와 소개가 담긴 포스터를 보여주며 호기심을 자극했다.

이런 눈물 나는 노력에도 붙잡기 힘들겠다는 판단이 들면, 태도를 바꿔 멤버가 잘 떠날 수 있도록, 그리고 언제든지 돌아올 수 있도록 헤어짐을 준비했다. 함께 사진을 찍고, 서로 롤링페이퍼를 써주며 언제든 돌아오라는 덕담을 전하고, 인스타그램 맞팔로 마무리하며 보내줬다. 끝까지 구질구질해 보일 수도 있지만 그만큼 우리는 진심이었다.

떠나는 멤버가 있다는 것은 새로운 멤버가 생긴다는 의미이기도 했다. 기존 멤버의 추천, 위대함이라는 주제, 책에 대한 흥미, 한 번 놀러 왔다가 정착 등 다양한 계기로 새로운 멤버들이 월간 위대함에 합류했다. 이유는 제각각이었지만 어쨌든 이 모임에 온 멤버들이 너무나도 반가웠다.

나만 그렇게 느낀 건 아니었는지 기존 멤버들 모두 마치 파티를 개최한 호스트처럼 (사실은 우리도 멤버일 뿐인데) 새로 온 멤버들이 잘 적응할 수 있도록 혼신을 기울였다.

분명 함께 하고 있지만 함께 하지 않는 성원의 이야기가 나올 때면 새로운 멤버들이 소외감을 느끼지 않도록 맥락을 설명해 주고, 토론 마무리 시간에 새로운 멤버들의 활약을 언급하며 분위기를 북돋웠다. 번개로 새 멤버 종훈이 운영하는 젤라토 가게인 코코너즘에 가기도 했다. 지수는 번개 때 우리 모임의 장점을 어필하려고 억지로 텐션을 높였다가 하은에게 놀림을 당하기도 했다. 인희는 우리가 이미 고인물이 되어 새로 온 멤버들에게 소외감을 주고 있지는 않은지 주기적으로 질문하며 경계하는 모습을 보였다. 다행히 새 멤버들은 마치 처음부터 함께 했던 것처럼 빠르게 월간 위대함에 적응했고, 꽤 많은 멤버들이 지금까지도 함께 하고 있다. (사실 우리의 노력 덕분인지 아닌지는 잘 모르겠지만)

이런 변화 속에서도 월간 위대함을 항상 든든하게 지켜주고 있는 멤버들이 있다. 나를 제외한 월위대생[6]의 멤버들과 연하는 월간 위대함의 모든 시즌을 함께 해오고 있다. 이 멤버들과 대화를 나누다 보면 월간 위대함에 대한 여러 이야기와 고민을 들을 수 있어 참 흥미롭다. 시즌이 끝날 즈음, 참여율이 높았던 멤버들이 떠나는 것에 대한 걱정이나 아쉬움을 이야기하다가도, 정작 시즌이 시작되면 새로운 멤버들에 대한 이야기로 바빠지는 걸 보면, 이제는 우리가 헤어짐과 만남에 꽤 익숙해진 것 같다는 생각이 든다. 어쩌면 헤어

---

6) 책 만들기 소모임 '월간 위대함을 하며 생각한 것'의 줄임말. '소모임의 탄생'을 참고

짐과 만남에 대한 고민보다는, 월간 위대함의 정체성에 대한 고민이 더 커진 것 같기도 하다. '이번 시즌에 어떤 책을 읽을까', '어떤 번개를 해야 멤버들이 좋아할까' 같은 현실적인 고민을 거쳐, '월간 위대함이란 무엇인가'라는 철학적인 고민까지 하는 걸 보면.

이런 모습들을 옆에서 지켜보며, 이 멤버들에게 월간 위대함은 단순한 독서 모임 아니라 그 이상의 의미를 지니는 것 같다는 생각이 들었다. 사실 나에게도 월간 위대함은 독서 모임 중 하나라기보다, 위대함을 추구하는 사람들이 모인 공동체에 가깝다. 독서 모임을 떠난 멤버들과 만나도 여전히 위대함에 대한 이야기를 나누고, 각자만의 위대함을 향해 나아가는 모습을 볼 수 있기 때문이다. 어쩌면 이런 이유 때문에, 언제든 돌아갈 수 있는 곳이라고 생각하며 독서 모임을 잠깐 떠날 수 있었던 것 같기도 하다. 독서 모임에 참여하지 않으면서도 월간 위대함을 주제로 계속 책을 쓰고 있는 이유도 마찬가지일 것이다.

앞으로도 반복될 여러 변화 속에서 각자가 생각하는 월간 위대함의 정의도 계속 달라질 테고, 이 모임을 이어 나가는 일이 쉽지는 않겠지만, 지금까지 그랬듯이 월간 위대함은 새로운 고민과 함께 위대함을 계속 탐구해 갈 것이라 믿는다. 어쩌면 이 이 모임을 계속 이어 나가고 싶다는 마음이 우리가 함께 발견한 위대함이 아닐까.

4장

월간 위대함의 동료들

지수

한 공동체의 위대함은

그 구성원들의 따뜻한 행동으로

가장 정확히 측정된다.

- 코레타 스콧 킹 -

함께 하는 것의 위대함

명랑함을 잃기 쉬운 세상이다. 사람을 참 사랑하고 싶은데, 이상하게 사람을 가까이할수록 그게 힘들었다. 인류애라는 거창한 범주에 발을 들이기 위해 내가 시도한 노력은 번번이 좌절당했다. 사람들은 나를 다채로운 방법으로 실망시켰고, 나도 그들에게 다양한 방법으로 상처를 주었다. 사람을 사랑하는 마음을 조금이라도 지키고 싶어서 선택한 방법은 그들에게서 멀어지는 것이었다. 나는 명랑하고 싶었고, 그러기 위해서는 삶에서 나는 고단한 냄새들과 거리가 필요했으니까.

사람이란 원이 아니라 원의 형태를 띠는 톱니바퀴라는 사실도, 그래서 가까이 갈수록 내 침으로 상대를 찌르고 상대의 침으로 내가 찔릴 수밖에 없다는 사실도 그즈음 알게 되었다. 가까이 가지 않기, 그것이 어른이 되는 법을 익힌 거라 생각하다가도 마음 안의 아린 맛은 좀체 지워지지 않았다. 사람이란 그런 거야……, 내가 아닌 사람들은 덩어리진 채 타자가 되었고 그렇게 나는 한 명 한 명의 얼굴을 보는 법을 잊어버렸다. 그리고 시간이 지날수록 내 마음은 톱밥처럼 건조해져 갔다.

그런데 여기, 가까이할수록 나를 명랑하게 만들어주는 사람들이 있다. 직업도 성별도 나이도 성향도 모두 다른 사람들. 매일 눈 떠서 사회의 착실한 일원이 되었다가도 주말 하루를 반납하고 만나 위대함이 무엇인지 얘기하는 사람들. 그리스 귀족도 아닌데 돈까지 내며 인류, 행복, 도덕, 사랑에 대해 토론하는 사람들. 결론짓지 못해도 굴하지 않는 사람들.

그들과 세 시간씩 이야기를 하고 집에 오면 드는 감정은 희열이었다. 어째서였을까? 나는 아직 아무것도 바뀐 게 없는데. 시간이 지나고 알게 되었다. 나는, 그리고 우리 모두는 바뀔 필요 없는 사람들이라는 걸. 뾰족한 톱니바퀴가 서로 만나 맞물려가듯이, 그렇게 메워가는 게 삶이고 사랑이라는 걸. 그들은 흠결 없는 것을 찾지 않았다. 서로의 모난 부분을 깁고 수선하고, 때로는 모난 대로 놔두기도 하였다. 그들과 함께하며 점차 나는 한 명 한 명의 얼굴을 보게 되었고, 비로소 내 얼굴도 제대로 마주할 수 있게 되었다. 다시 나는 명랑해져 갔다.

'위대함을 향해 항해하는 사람들.' 당신 머릿속에 누가 떠오르는지 궁금하다. 빌 게이츠 같은 어마어마한 부자? 일론 머스크 같은 괴짜 사업가? 혹은 인정받는 문인, 학자, 화가?

글쎄, 나는 진짜 그런 사람들을 알고 있다. 이 모임에서 만난 사람들. 그들은 먼 곳에서 위대함의 가치를 찾지 않는다. 다만, 한계 없는 온정 어린 마음으로 주위의 모든 것들을 위대하게 만든다.

더 나은 사람이 되고 싶다는 마음

남훈

　더 많은 돈을 벌고 싶다는 마음, 더 성공하고 싶다는 마음, 더 먼저 가고 싶다는 마음, 더 높이 가고 싶다는 마음. 우리가 밖을 나서서 흔히 만나게 되는 마음은 이런 것들이다. 몫을 나눠 더 큰 것을 가지고 싶어 하는 마음들, 함께 더 커질 수 없는 마음들. 회색빛 마음 사이에서 우리는 종종 내 덩어리와 남의 덩어리를 재단하기에 바쁘거나, 혹은 더 빨리 가기 위해 모르고 밟은 남의 마음을 미처 살피지 못한다.

　그런 사회에서 일견 타인의 마음을 온전히 보기란 녹록지 않은 일이다. 더 큰 덩어리를 가지려면 타인의 몫에 민감해야 하고, 남들보다 빨리 가려면 상처 준 것들에는 애써 둔감해질 줄 알아야 한다고, 그렇게 우리는 세상에게서 무정을 강요받기도 한다.

그러나 여기, 그런 세상에서 더 나은 사람이 되고 싶다는 마음이 있다. 더 따뜻해지고 싶다는 마음, 더 해치지 않고 싶다는 마음, 더 헤아리고 싶다는 마음, 그리고 나무가 되어 그늘을 주고 싶다는 마음. 남훈을 인터뷰하며 내가 만났던 마음은, 모두가 대단하다고 생각하진 않기에 아무나 쉽게 가질 수 없는 마음들이었다.

그에게는, 무정을 강요받는 세상에서 기꺼이 다정해지고자 하는 마음이 있다.

지수· 월간 위대함 멤버들은 남훈을 'F남자의 정석', '인간 탕후루'와 같은 수식어로 많이 부르잖아. 남훈이 소개하는 본인은 어떤 사람이야?

남훈· 우선 나는 광고 대행사에서 영상 PD를 하고 있어. 사람을 굉장히 좋아하고 활동적인 걸 좋아해. 서핑이나 스키장을 가는 것도 좋아하고, 드럼도 요즘 배우고 있고. 근데 확실히 그 모든 활동들도 같이 하는 사람이 있을 때가 훨씬 좋아. 그래서 나는 정말 '사람 좋아 사람'이라는 걸 이제는 완전히 받아들였어.

지수 · 남훈은 원래 책을 그렇게 좋아하진 않았다고 들었는데, 우리 모임을 1년가량 하면서 책을 12권이나 읽게 되었잖아. 그중에 가장 인상 깊게 읽었던 책이 뭔지 궁금해.

남훈 · 읽을 때 제일 재밌었던 책은 고레에다 히로카즈 감독의 자서전 《영화를 찍으며 생각한 것》이었어. 아무래도 직업과 연관 있기도 하고, 배경지식이 있는 분야다 보니까 재미있게 읽었던 기억이 있어.

그다음에 대화가 재밌었다고 느꼈던 책은 《일론 머스크》. AI 얘기할 때, 곧 다쳐질 것 같은 미래의 얘기라서 흥미로웠어. 내가 SF를 좋아하기도 하고.

그리고 《사피엔스》도 인상 깊었어. 명서인데 아직까지 못 읽다가 독서 모임을 계기로 읽었을 때 성취감이 들었어. 그리고 내 고정관념을 깨는 책이었거든. 토론할 때 다른 사람의 의견을 듣는 것도 되게 재미있더라고. 불변이라고 생각했던 관념 역시 보는 이의 시각에 따라 다르게 판단될 수 있구나라는 걸 느꼈지.

지수 · 《일론머스크》, 《사피엔스》는 굉장히 두꺼운 책이어서 읽으려는 마음을 먹지 않으면 쉽게 서점에서 사지 않았을 것 같은데, 독서 모임을 계기로 읽을 기회가 생겨서 나도 참 좋았어. 남훈이 독서 모임을 연장하게 된 계기도 책과 연관이 있을까?

남훈 · 맞아. 아까 말한 것처럼 나는 책을 안 읽는 사람이었는데, 월간 위대함 덕에 《사피엔스》라는 책도 읽게 되었잖아. 책을 꾸준히 읽는 경험으로부터 나오는 만족감이 꽤 컸어.

그렇지만 무엇보다 함께 하는 사람들이 정말 좋았어. 여기서 나가면 소외될 것 같다는, 유치한 마음도 조금 있었던 것 같아. 모임을 할 때 사람들과 오래 만나고 싶다는 생각을 많이 해서 번개·MT 참여도 적극적으로 했던 거고.

그리고 월간 위대함 멤버들과 있으면 있을수록 내가 더 나은 사람이 되고 싶다는 생각을 하게 되더라고. 나에게 긍정적인 영향이 많아서 더 오래 보고 싶었어.

지수 · '더 나은 사람이 되고 싶다.' 우리가 '인간탕후루'라고 장난 식으로 부른 것처럼, 남훈의 다정함에 대해 좋은 얘기들을 많이 했는데 그런 말이 계기가 된 걸까?

남훈 · 그렇지. 사람들이 자꾸 따뜻하다 그러니까 '사실 나 그렇게 안 따뜻한 사람인데?' 하는 생각이 들면서(웃음), 아무튼 그 기대에 부응해야 할 것 같은 마음도 들고. 확실히 그런 말을 들을수록 '나 그런 사람인가?'라고 한 번 더 생각하게 되더라. 그래서 어떤 행동을 할 때도 좀 더 (따뜻하게) 하려고 하지 않았나 싶어.

지수 · 토론에서 의견을 피력할 때도 남훈은 늘 따뜻한 시선으로 얘기를 했던 게 기억에 남아. 남훈이 토론 중에 들었던 말 중 기억에 남는 말은 어떤 거야?

남훈 · 하형이 다른 책에 있는 구절을 말해준 건데 《파우스트》라는 책에 '인간은 노력하는 한 방황하기 마련이다.'라는 문장이었어. 나는 늘 고민이 많거든. 그게 스스로에게 아쉬운 점이라고 생각하고. 그 말을 들었을 때도 (기억은 나지 않지만) 고민거리가 있었던 것 같아. 스스로 방황하거나 고민하고 있다고 생각하던 와중에 어떤 대화를 하다가 하형이 저 문장을 말해줬는데, 그게 큰 힘이 됐던 거지. '내가 지금 방황하고 있다는 건 노력하고 있다는 거구나.'라는 생각을 하게 됐어. 그게 무척 힘이 돼서 회사 책상 앞에 서서 붙여놓기도 했어.

지수 · 생각해 보면, 월간 위대함이 남훈에게 신세를 졌다고 할 정도로 남훈이 모임에 도움을 많이 줬어. 그래서 멤버들도 남훈에게 많이 고마워하고 있고. 반대로, 남훈이 월간 위대함으로부터 얻은 좋은 영향이 있다면?

남훈 · 모임에 올 때마다 '내가 더 나은 사람이 돼야겠다.'라는 생각을 끊임없이 했어. 월간 위대함을 하고 나서 본업 할 때는 물론, 삶 전체가 긍정적으로 바뀐 것 같아. 술을 안 먹게 된 것도 준혁과 채린 덕분이거든. 술을 안 먹어도 자리에 잘 어울리는 친구들 보면서 안 먹어도 괜찮구나,라는 생각을 하게 됐어. 운동도 '오운완' 단톡방하면서 더 열심히 하게 되었고.

그리고 월간 위대함 끝난 이후로도 회사에서 독서 모임을 하고 있어. 하형이나 수지, 지수, 하은도 그렇고 책을 많이 읽는 사람들이 자기 의견을 논리적으로 예쁘게 말하는 모습이 정말 멋지더라고. 생각의 깊이도 많이 느꼈고. 그래서 나도 책을 많이 읽고 저런 사람이 되고 싶다는 생각을 했던 것 같아. 지금 하고 있는 거의 모든 활동들이 월간 위대함 영향을 많이 받았어.

지수 · 남훈은 원래 공대를 다니다가 편입을 미디어커뮤니케이션학과로 했다고 들었어. 전공을 바꿔서 편입하는 것도, 상경하는 것도 쉬운 일이 아니었을 것 같은데 인생에서 큰 변화를 할 때 어떤 계기가 있었는지도 궁금하고, 그 당시의 마음가짐도 궁금해.

남훈 · 첫 번째 계기는 <세 얼간이>라는 인도 영화야. 거기 제일 많이 나오는 말이 '당신이 좋아하는 걸 하라'는 메시지거든. 고등학생 때부터 계속 고민했는데 결정을 못해서 공대에 진학했고, 대학에 가서도 계속 고민을 했어.

근데 그 과에서 우연히 친구 한 명을 만나게 됐어. 컴퓨터에 완전히 빠져서 수업 끝나고 혼자 컴퓨터 분해하고 하루 종일 코딩하는 친구였지. 그 친구를 보면서 '나도 저렇게 몰입할 수 있는 일이 있지 않을까?'하는 생각이 들더라고. 군대에 가서도 그런 고민을 계속하던 와중에 《연금술사》 책을 읽었어. 이 책도 비슷한 얘기거든. 내가 진정으로 원하는 것이 무엇인지 알고, 자신만의 길을 따라가는 것이 중요하다는 메시지.

이런 게 다 겹쳤어. 중학교 때는 원래 사진작가가 되고 싶었거든. 그래서 부모님이 사준 카메라의 사용 설명서도 열 번씩 읽고, 뭘 모르니까 조작법을 알아야겠다고 생각해서 사진 용어도 찾아보고. 그때 배운 용어를 지금 영상 할 때도 사용해. 그러다가 전역하고 대외 활동으로 대학생 영상 기자단을 했어. 유튜브가 한창 잘될 때였는데, 거기서 처음 영상을 배운 거지. 그때도 공대를 다니고 있었는데 휴학했어. 그걸 하는 1년 동안 정말 재밌더라고. 생각하는 거 그대로 찍고 만들고 하니까. 그래서 이쪽으로 넘어가기로 결심했어.

뒤늦게 시작했는데 그래도 밥 벌어먹고 서울에서 살고 있는 게 참 운이 좋았지. 결정을 참 잘한 것 같아. 주변에 늘 얘기하지만 나는 출근하기 싫었던 적이 없었거든. 일하는 순간에 결과물에 대한 압박과 스트레스를 받은 적은 있지만, 이 일을 하기 싫다는 생각은 해본 적 없어.

지수· 여러 고민을 거쳐 지금으로 나아왔구나. 치열하게 고민하고 경험한 만큼 남훈의 현재가 더 단단하고 안정적인 것 같아. 그렇다면, 남훈이 앞으로 되고 싶은 모습은 어떤 모습이야?

남훈· 제일 어려운 질문인데, 아직도 미래에 뭘 이루어내고 싶은 건지는 잘 모르겠어. 영상을 잘하고 싶다는 추상적인 생각은 있고, 팀에서 어떤 영상을 잘해야 될까 이런 건 계속 생각하고 있는 것 같아. 나는 주어지는 순간순간에 열심히 하는 사람이거든.

순간을 쌓다 보니 운 좋게 여기까지 왔는데, 그런 부분이 내 강점이자 단점이라고 생각하기도 해. 승호나 동현처럼 어떤 목표를 하나 두고 쫓아 올라가는 사람들이 있는 반면, 나는 순간순간에 할 수 있는 최선을 다하는 편이라 단기전에는 강하지만 장기전에서 좀 약하다는 생각이 있어. 그런 걸 알다 보니까 요즘에는 목표를 의식적으로 잡으려고 해.

그리고 예전부터 많이 했던 생각인데, 나무 같은 사람이 되고 싶어. 내 일도 열심히 해서 능력적으로도 성공하고, 든든한 나무가 돼서 내가 아끼는 사람들이 그늘 아래 와서 쉬었으면 좋겠다는 생각이 들어. 가족이든 좋아하는 친구들이든, 내가 줄 수 있는 그늘 안에서 필요할 때 나에게 기대서 쉬어도 될 만큼 단단한 사람이면 좋겠어.

지수・마지막 질문, 월간 위대함은 ○○○○○이다!

남훈・월간 위대함은 현재진행형이다.

모임이 나에게 많은 영향을 줬거든. 더 나은 사람이 되고 싶게 하고, 운동도 열심히 하게 되고, 책도 많이 읽게 되고, 일도 더 열심히 하게 되고. 이 사람들이랑 더 오래 함께 가고 싶고, 그러려면 나도 더 나은 사람이 되어야 하니까. 그렇게, 나는 월간 위대함을 잠시 쉬고 있지만 계속 내 삶에서 월간 위대함은 현재진행형이야.

삶은 유한하지만
죽기 직전까지 애써서 살아내고 싶다

소현

때는 바야흐로 월간 위대함 첫 모임(당시는 '위대한 것들'이었다). 원래 모임이 끝난 뒤 내 계획은 집에 가서 자책하며 후회의 바다에 잠수하는 것이었다. 으레 어색한 상황에서 고장난 E가 늘 그렇듯 고요를 메우려 횡설수설 기워낸 말을 복기하며 말이다. 그 미래를 예견한 듯, 소현은 모임이 끝나기 직전 스폰지밥 래리처럼 내게 구명보트를 던져주었다.

"저는 지수님이 말씀하신, 낙관주의가 필요하다는 말이 필요했던 것 같아요."

말이 대개 그렇듯, 새긴 쪽이 아니라 꺼낸 쪽인 나는 어떤 흐름에서 저 말을 했는지 정확하게 기억하지 못한다. 그러나 소현의 대답만은 명확히 기억할 수 있다. 지금도 그렇지만 당시에는 더더욱, 내가 하는 말이 호작질[7]에 가까운 언어라고 여겼을 뿐 밀도 있는 문장이라는 생각을 전혀 하지 못했다. 그래서 저 구명보트와도 같은 말은 내게 더 없는 찬사였다. 나도 누군가의 기억에 남는, 누군가에게 필요할지도 모르는 말을 할 수 있는 사람이구나, 하는 생각이 들었으니까.

'낙관주의가 필요한 사람'. 이 표현만 보면 우울에 절어있는 '따분이' 같은 캐릭터를 떠올릴지도 모른다. 그러나 소현은 늘 미소를 띠며, 누구보다 따뜻하고, 세상을 사랑하는 사람이다. 나는 단언을 경계하지만, 이것 하나만큼은 반대의 여지 없이 단호하게 말할 수 있다. 바로, 사랑하는 사람은 강한 사람이라는 사실. 사회를 사랑하고, 사람을 사랑하고, 삶을 사랑하는 소현. 누구보다도 부드럽고 강한 그가 월간 위대함에서 느꼈던 위대함은 무엇일까?

지수 · 소현을 떠올리면 항상 따뜻한 말과 시선으로 함께

---

7) 쓸데 없는 장난, 손장난'이라는 뜻을 가진 경상도 방언

있는 사람을 편안하게 해주는 모습이 생각나. 그리고 자타공인 '다재다능러'잖아. 많은 것을 경험해 보고, 좋아하고, 재능도 많고! 이 책을 읽을, 소현을 처음 보는 사람들에게 자기소개를 한다면 어떻게 하고 싶어?

소현 · 난 지수가 말한 것처럼 세상 온갖 것에 관심이 많은 '프로세상관심러'야. 그래서 어렸을 때부터 연기도 해보고, 디자인도 해보고, 사진도 찍어보고, 창업도 잠깐 해보고, IT 쪽에도 있었어. 지금은 '세상을 많이 경험하고 휴식기를 가지려고 하는 평범한 30대 휴식 노동자'라고 스스로를 소개하고 싶어.

지수 · 소현은 여러 분야에 관심을 많이 갖고 있는 '프로세상관심러'라고 했는데, 책에도 관심이 많았어? 독서 모임 들어온 계기가 궁금해.

소현 · 책은 좋아하는데 독서를 많이 하진 않아. 독서 모임은 성원의 인스타그램 글 보고 들어오게 됐어. 코로나가 막 끝나갈 무렵이었는데, 시기가 시기인 만큼 나도 콘텐츠를 많이 소비하면서 그에 대한 문제의식을 느끼고 있었거든. 그때 마침 그 글(성원 인스타)을 봤고, 설득당하지 않을 수 없었어. 원래부터 (성원이라는) 제작자에게 관심이 있기도 했고, 성원과 독서 모임 하면서 재밌고 인상 깊은 얘기도 나눠보고 싶다는 생각이 들어서 신청했어.

지수 · 처음에는 성원을 보고 들어왔지만, 함께 만드는 모임으로 바뀐 이후에도 연장을 계속했잖아. 그 원동력이 뭐였어?

소현 · 일단 함께 하는 멤버들이 있었기 때문이고, 다음으로는 선정된 책이 다 재밌어 보였고, 번개도 재밌었고. 그리고 토론도 정말 재밌었어. 이 과정을 통해서 사고가 얼마나 확장될지 기대됐고, (모임을) 멈출 단계가 아니라는 생각이 들어서 지속할 수 있었던 것 같아.

지수 · 맞아, 월간 위대함을 하지 않았으면 만나지 못했을 사람들을 만나면서 시야가 넓어지는 느낌을 나도 많이 받았지. 소현이 '사고의 확장'이라고 표현했던 것처럼, 토론 중에 머리가 띵했던 말, 혹은 곱씹어 볼 만큼 인상적이었던 말을 꼽아본다면?

소현 · 먼저 기억나는 건 하형의 글이야. 토론은 아니고

《뉴스의 시대》 독후감에 썼던, '게으름의 대가는 세계의 축소다'라는 문장. 뉴스를 접하지 못하거나 지식수준이 높지 않은 게 잘못은 아니지만, 내 세계를 좁히는 요인이 될 수 있겠다는 생각이 강하게 들더라고. 그래서 지금까지도 내가 새로운 지식을 습득하거나 새로운 행동을 할 때 이 문장이 종종 떠오르기도 해.

그리고 어떤 책이었는지 잘은 기억 안 나는데, 토론 때 수지가 했던 말도 기억에 남아. 정확한 표현은 아니지만 골자는 이랬어. "좋은 구성원과 나쁜 구성원이 있더라도, 좋은 사회는 결국엔 좋은 구성원들의 노력으로 좋은 방향으로 흘러간다." 사회를 구성하는 요소에 대해 본인의 생각을 얘기해 준 게 공감이 되기도 했고, 수지가 참 좋은 사람이라는 생각이 들었어. 난 생각만 하고 입 밖으로 꺼내거나 타인과 공유를 하지 않았는데, 나도 '좋은 사회'에 대해 스스로 정의 내리고, 좋은 구성원이 되기 위해 노력해야겠다는 생각을 했어.

지수 · 소현은 배우 생활도 했고, 다재다능한 금손이기도 하고, 월간 위대함 하면서 우리가 소현님의 많은 매력을 알게 됐잖아. 이것처럼 뭔가 소현이 우리 모임에서 목격했던 멤버들의 매력 모먼트가 무엇인지 궁금해!

소현 · 아무래도 모임에서 상상할 수 없었던 조합이 모였잖아. 그게 가장 큰 매력인 것 같아. 다양한 직업을 가지고 다양한 견해를 가진 사람들이 세상에 대해 생각하는 것, 세상을 좀 더 이해하고 싶어 하고, 자신이 이해한 바를 삶에 녹여내서 더 즐겁게 살아가고 싶어 한다는 것, 그런 모습이 나랑 비슷하기도 했고. 나도 책이나 영화, 공연 같은 매체를 통해 생각하고, 기뻐하고, 노는 걸 좋아하고, 더 행복하게 살고 싶어 하는 사람이거든. 그런 면에서 정말 좋은 친구들을 만난 게 아닌가 하는 생각이 들어.

하은 · 책이 매개여서 특별했던 점이 있었을까?

소현 · 내가 책을 좋아한다고는 하지만 평소에 친구들에게 '이 책 읽어봐' 하며 말을 꺼내지는 않는데, 책에 관련해서 말을 하게 됐어. 사실 처음 들어왔을 때 이 모임을 통해 내가 크게 무언가를 얻을 수 있다는 생각은 못 했거든. 근데 모임을 하면서 나의 작은 의견과 다른 사람들의 의견들이 켜켜이 채워지고, 커다란 책의 텍스트와 함께 한 생각들, 우리가 나눴던 상황들, 이런 요소가 점차 커다랗게 내 안에 자리를 잡아가고 있더라고. 내 삶에서도 '이 친구가 이런 말을 했었지' 혹은 '나는 이런 말을 했었지' 이렇게 생각할 수 있게 되었고, 친구에게 책을 소개하거나 책 이야기를 할 때도 '너는 어떤 생각을 갖고 있어?' 이렇게 대화할 수도 있게 됐어. 두루뭉술했던 생각이 많이 정리되고 풀어지는 시간이었어.

지수 · 소현은 세상에 관심도 많고, 무엇보다 세상에 대한 사랑이 무척 크잖아. 그런 소현이 앞으로 되고 싶은 모습 아니면 하고 싶은 일이 있다면 어떤 게 있을까?

소현 · 우리가 인물에 대해서 많이 읽었는데, 나는 그중에서 니체, 류이치 사카모토, 싯다르타 이 세 명의 인물이 가장 기억에 남아. 모두 죽기 전까지 작품 활동을 하거나 수행을 했던 인물이잖아. 나도 삶에 대한 고민이 정말 많았지만, 이들 같은 위대한 사람을 책을 통해 읽으면서 이런 생각이 들더라고. '삶은 유한하지만 죽기 직전까지 애써서 살아내고 싶다.' 위버멘쉬 정신, 초인 정신으로 말이야. 그리고 '너무 힘들게 살고 싶지 않고 무조건 행복하게 살아야겠다' 그런 생각도 했어.

지수 · 소현에게 월간 위대함이란?

소현 · 세계 속으로!

위대함에 관한 여러 책을 읽었잖아. 서로 다른 위대함을 만날 때마다 낯선 문화, 낯선 사람, 낯선 세계를 만나는 것처럼 느껴졌어. 니체는 유럽에 살고 류이치 사카모토는 일본에 사는 것처럼. 그 만남이 내게는 잊을 수 없는 기억으로 남았기 때문에, 월간 위대함은 내게 세계 속으로! 향하는 걸음이야.

반복되는 일상에도 지치지 않고
유머 한 조각을 가진 사람

연하

나는 연하를 알고 나서 꽤나 많은 순간 열등감에 빠졌다. 군더더기 없는 글솜씨, 깊고 맑은 목소리, 해사한 얼굴. 그의 살난 짐을 말하지면 끝이 없겠지만, 그중에서도 나를 사로잡은 건 그의 배려심이었다.

그를 알기 전, '배려'란 내 삶에 그다지—라고 순화하지만, 사실은 '전혀에 훨씬 가까울 것이다—중요한 화두가 아니었다. 나는 늘 습관처럼 내게 몰두했다. 그전까지의 내 나날은 핀 조명을 스스로에게 꽂은 채로 이어지는 독백이었다. 게다가 나는 타고 난 성정이 둔감하기에, 남이 내게 베푸는 배려에 더불어 내가 타인에게 나누는 배려에도 큰 감흥이 없었다. 그렇게, '배려'라는 단어는 내 마음속에서 오랜 시간 동안 서서히 빛이 바래갔다.

그러나 연하는 다른 사람이었다. 토론이 마무리되면 늘 소감에 앞서 발제자의 수고를 알아주었고, 함께 지낸 숙소를 정리할 때는 가장 먼저 음식물 쓰레기를 집었다. 양손 가득 짐이 많은 사람이 무언갈 해야 할 때, 도움을 청하기도 전에 거들어주는 사람 역시 언제나 연하였다.

처음에는 부럽다는 생각이었다. 어떻게 저렇게 습관처럼 배려를 할 수가 있을까? 어떻게 저렇게까지 내가 알지 못하는 타인의 마음을 헤아릴 수 있을까? 그가 건네는 (모든 종류의) 작은 도움은 우리에게 큰 힘이 되었고, 나도 그처럼 되고 싶었다. 그러나 웬걸, 내가 둔감한 성정을 타고난 만큼이나 그는 민감한 성정을 타고난 사람이었다. 그의 본능적인 세심함과 배려는 나 같은 노력형 세심꾼이 도저히 따라잡을 수 없는 영역에 위치했다. 그렇게 난 매번 (혼자만의) 배려 전쟁에서 패배했다.

다행인 것은, 졌지만 모양새가 썩 보기 좋았다는 점이다.

비록 발제자의 노고를 먼저 치하해 주진 못하였으나, 나는 연하를 따라 한 마디 얹어서 응원을 보낼 수 있었다. MT날에 음식물 쓰레기를 버리진 못하였으나, 그 다음번에는 치킨 무 국물을 버릴 수 있었다.

그리고 더욱 중요한 것이 그로부터 보였다. 타인을 배려하기 위해서는 먼저 주위를 살펴보아야 했기에, 연하를 닮고 싶다고 생각한 순간부터 나는 내게 꽂혀있던 핀 조명을 거두고 주위로 그 빛을 흘려보낼 수 있게 되었다. 신기하게도 스스로에 대한 몰입을 거두는 순간, 스스로에게 집중했을 때 보였던 모나고 미운 점이 감추어졌다. 최대 수혜자는 다름 아닌 나 자신이었다.

이 모임을 하지 않았다면, 그를 만나지 못했다면 지금의 난 어땠을까? 아찔할 뿐이다. 나는 아직도 내 모난 부분과 상처에 집중하며 나를 못살게 굴었으리라. 그렇기에 지금도 여전히 생각한다. 그를 알기 전에는 몰랐던 세상의 많은 배려에 대해. 내가 가진 빛을, 타인에게 비추는 마음에 대해.

지수 · 이 책을 읽을, 연하를 모르는 이들에게 스스로를 소개한다면 어떻게 하고 싶어?

연하 · 평범한 직장인이라고 소개할 것 같아. 이 모임 들어와서 나랑 너무나도 다른 직군과 라이프 스타일을 가진 친구들을 많이 만나면서, 내가 정말 평범하고도 평범한 직장인이라는 걸 느꼈거든. 음, 그리고 침착맨이랑 순대 국밥을 좋아해!

지수 · 침착맨과 순대 국밥 말고 책도 좋아해?
연하 · 월간 위대함을 하기 전까지는 잘 안 읽었어. 꼭 읽어야 한다는 생각을 안 했거든. 요즘은 지식이나 정보를 얻을 수 있는 채널이 다양하잖아. 책을 싫어하는 건 아니지만, 그다지 좋아하지는 않았던 것 같아.

지수 · 독서 모임을 들어온 계기가 '책을 많이 읽고 싶어서'는 아니었던 거구나.
연하 · 책을 읽어야겠다는 생각은 늘 있었어. 근데 그게 결정적인 계기는 아니었어. 당시 내가 인간관계에 현타가 왔을 때였는데, 새로운 사람들을 많이 만나보고 싶다는 생각이 들었어. 막연히 그렇게만 생각하면서 독서 모임 같은 걸 해봐야겠다고 마음먹던 찰나에 성원님 인스타를 보게 됐지. 그리고 "이건 운명이다!" 생각했어. 성원님이 궁금하기도 했고, 책을 읽고 싶기도 했고, 무엇보다 새로운 사람을 많이 만나보고 싶다는 생각이 복합적으로 있었어.

지수 · 연하는 한 시즌도 빠지지 않고 계속 연장 중인데, 그 원동력도 역시 '사람'일까?

연하 · 맞아. 이 모임을 계속하는 제일 큰 이유는 멤버들이야. 지금 멤버들이 좋은데 이 모임을 연장하지 않으면 결속력 있게 계속 만나기 어렵겠더라고. 사회에서 만난 친구들이다 보니 막연하게 "언제 한번 보자" 해서 모이는 것보단 정기석이고, 공통된 관심사가 매개체로 있어야 원활하게 만날 수 있다고 생각했어. 우리가 독서 모임을 하면 한 달에 한두 번은 만날 수 있잖아, 큰 노력을 하지 않아도. 그래서 이 관계를 이어가고 싶은 마음에 연장한 게 제일 커.

그리고 이제는 한 달에 한 권 책을 읽고 독서 모임을 하는 과정이 하나의 루틴이 되었어. 그래서 자연스럽고 당연하게 꾸준히 하고. 연장의 원동력을 따져보자면 멤버들 70%,

루틴처럼 자리 잡았기 때문이 30% 정도인 것 같아.

지수 · 새로운 사람들을 만나고 싶어 들어온 모임인데, 거기 있는 사람들이 다 좋았던 거네. 월간 위대함 사람들이 연하 pick이 된 이유가 뭐야?

연하 · 멤버들이 다들 어떤 분야나 일에 욕심이 많아서인 것 같아. 솔직히 홈 프로텍터들이 많은 모임이었다면 내가 여기서 얻어 갈 수 있는 게 크게 없다고 생각했을 것 같은데, 기본적으로 자기가 맡은 분야에서 잘하고 싶어 하는 욕심이 다 있는 친구들이라 좋았어. 한 명도 욕심 없는 친구가 없는 것 같고, 월간 위대함 모임에서 얻어 가는 의욕과 기운이 나에게 큰 역할을 해줘. 그리고 다들 기본적으로 인성도 좋고, 재미있는데도 선 넘지 않고.

지수 · 월간 위대함 하면서 새로운 멤버들도 계속 알게 되지만 나가는 멤버도 있잖아. 자주 보기는 어렵지만, 우리가 언젠가 만날 수 있다는 느슨한 연결이나 독특한 유대관계가 생기게 되는데, 이런 것들이 연하의 삶 속에서 해준 역할이 있다면?

연하 · 사회 속 내 유대관계가 더 확장되었구나 하는 느낌이야. 유대관계라는 게 사회 속 네트워크를 의미하기도 하고, 물론 월간 위대함 친구들이 그 역할도 해주긴 하지만, 그보다 더 근원적인 도움도 많이 되는 것 같아. 연결고리가 없는 전혀 새로운 사람을 만나고 신선한 이야기를 들으면서, 유대관계의 확장이 내 사고의 확장으로도 이어진다는 생각을 많이 했거든.

느슨하게는 이렇고, 이 중에서도 더 친밀한 친구들에게 받는 특별한 느낌도 있어. 옛날부터 친한 학교 친구들 같은 역할을 멤버들이 해주고 있다고 생각해. 내 일상을 공유할 수 있고, 고민을 토로할 수 있고, 보고 싶은 영화나 가고 싶은 곳이 생기면 먼저 제안하기도 하고. 특별한 콘텐츠를 하는 것도 좋지만, 멤버들과 일상 속에서 뭔가를 많이 나눌 수 있다는 게 좋았어. 사회에서 만난 친구들이면 그런 종류의 친밀감을 느끼기 어렵잖아. 서로 마음을 많이 열게 되었고, 그 과정에서 쌓였던 추억이나 나눴던 감정들이 내게 힘이 돼.

지수 · 연하는 어떤 걸 파악하거나 캐치하는 능력이 정말 뛰어나다고 느껴. 가끔 놀랄 때도 있고 부러울 때도 있을 정도거든. 그 능력은 직장 생활을 오래 하면서 생긴 거야 아니면 타고난 센스가 좋은 거야?

연하 · 예전에 나랑 일했던 팀장님이 "연하의 눈치는 짐승과 같다"라고 했어(웃음). 나도 그 말에 깊이 공감해. 내가 타인민감성이 높아서 그런 것 같아. 내가 단단하고 남의 눈치를 보지 않는 사람이라면 타인의 감정이나 생각들을 기민하게 신경 쓰지는 않았을 것 같아. 근데 나는 남의 눈치를 많이 보고 '저 사람은 나를 어떻게 생각하지?' 이런 게 중요한 사람이거든. 그렇게 오래 살다 보니 타인의 감정에 관심을 갖는 것 같아. 난 오히려 "됐고, 네 감정 1도 모르겠어' 이런 친구들이 부러워. 그 친구들은 그만큼 스스로에 대해 완강한 거잖아. 나처럼 사는 건 피곤한 일이야.

지수 · 연하는 궁극적으로 하고 싶은 일이나, 되고 싶은 모습이 있어?

연하 · 음, 지금 커리어적으로는 그래도 조금 안정적이거든. 사실 직장인의 특성상 커리어 안에서 원대한 목표를 설정하는 것 자체가 구조적으로 어렵긴 해. 그래도 목표를 세워본다면, 경영진들과 맞닿아 있는 지금의 직무를 꾸준히 하고 싶어. 회사라는 조직에 오래 머물고 싶기도 하고. 더 미래에는 좋은 가정을 꾸리는 것도 목표가 될 수 있을 것 같아.

궁극적으로는 유쾌한 사람이 되는 걸 추구하고 있어. 성실한 삶을 꾸준히 살아 나가고, 그러면서도 반복되는 일상에 지치지 않고 유머 한 조각을 가진 사람이 내가 그리는 되고 싶은 모습이야.

지수 · 프로경청러, 알잘딱깔센, 추구미유쾌함 연하에게 주는 마지막 질문, 나에게 월간 위대함은 〇〇〇〇〇이다!

연하 · 위대한 인연!

내가 월간 위대함을 연장하게 된 제일 큰 계기가 멤버들이라고 했잖아. 이 모임을 통해, 놓치지 않고 오래 알고 지내고픈 인연들이 생겼어. 월간 위대함은 내게 위대한 모임, 그리고 위대한 인연이야.

위대함이란, 시류를 따라가지 않는 것

재영

재영은 클럽장이 없어진 월간 위대함의 첫 신규 멤버였다. 처음 만남에서 그는 파트너 하은의 소개글을 보고 이 모임에 오게 되었다고 말했다. 그의 마음을 사로잡은 문구는 이러했다. "사실 저는 위대함보다는 소소함, 유용한 것보다는 무용한 것을 더 좋아하는 사람입니다. 아니 더 정확하게 이야기하면 소소한 것의 위대함, 무용한 것의 아름다움에 대해 이야기하는 것을 좋아해요."

좋아하는 게 많은 삶은 어떨까? 좋아하는 것들로 둘러싸인 삶은 어떨까? 작은 것에 행복을 느끼고 소박한 것에 아름다움을 느끼는 삶은 어떨까? 상상만 해도 마음이 안온하고 든든해지는 기분이다. 하지만 그렇다고 느끼면서도 우리는 좋아하는 것들에 쉽사리 곁을 내어주지 못한다. 늘 더 유명하고, 더 잘 기능하는 것들에 못 이기며 곁을 내어준다.

그러나 내가 본 재영은 누구보다도 안온하고 든든한 삶을 사는 사람이었다. 그는 정성스럽게 밥을 지어먹고, 그림을 그리고, 좋아하는 것들로 방을 잔뜩 채우며 살아간다. 소소한 것의 위대함, 무용한 것의 아름다움을 아는 재영. 그에게 위대함이란 '시류를 따라가지 않는 것'이다.

유행이 취향이 되고, 인기가 개성이 되는 시대. 그런 시대에서, 그의 삶은 사랑받는 것들이 아닌 내 마음에 차는 것들로 빼곡하게 채워져 있다.

지수· 재영은 문학도 좋아하고 아이돌도 좋아하고 요리하는 것도 좋아하고. 좋아하는 게 참 많잖아. 만약 재영이 이 책을 읽을, 자신을 전혀 모르는 사람에게 자기소개를 한다면 어떻게 하고 싶어?

재영· 난 그냥 매일매일 행복하게 사는 게 중요한 사람인 것 같아. 덕질하고, 밥해 먹고, 책 읽고 이런 게 다 나를 매일 행복하게 해주는 것들이라서 꾸준히 하고 있어. 내가 생각하는 행복은 대단한 이벤트가 아니거든. 나는 오히려 승진이라거나 회사에서 엄청 큰 프로젝트를 했다거나 이런 큰일이 있을 때 별로 행복했던 적이 없어. 친구들이랑 놀 때, 회사에서 사람들하고 회식할 때, 아니면 같이 일을 하면서 우리가 무언가를 같이 하고 있다는 기분을 느낄 때 더 행복한 것 같아.

지수 · '위대함'이 우리에게 익숙한 키워드는 아닌 것 같은데 어떤 계기로 월간 위대함에 들어오게 되었어?

재영 · 나는 사실 '위대함' 키워드 때문에 들어온 건 아니었어. 트레바리로는 이 모임이 두 번째였는데, 살면서 만나는 사람들의 폭이 너무 좁아진다는 느낌이 들어서 트레바리를 시작하게 됐어. 그러던 와중에 찾아본 월간 위대함이 기존 멤버들이 많이 연장한 클럽 중에 하나였는데, 이게 좋은 시그널이지 않을까 하는 생각이 들었어. 멤버들이 많이 연장하는 이유가 있을 테니까.

그리고 처음 봤을 때 얘기했던 것처럼, 하은이 써놓았던 소개글 중에서 '소소한 것의 위대함, 무용한 것의 아름다움' 이라는 문장이 있었거든. 그 문구가 정말 좋아서 가입한 것도 있었어. 첫 책이 고레에다 히로카즈 책인 것도 좋았고. 복합적인 이유가 있었지만, 위대함을 찾아 들어오진 않았던 것 같아.

지수 · 모임을 하기 전에 '위대함'이라는 키워드는 재영에게 어떤 의미였어?

재영 · 시류를 따라가지 않는 것! 내가 엄청 싫어하는 것 중에 하나가 '유명한 걸로 유명한 거'거든. 그래서 유명해서 사람들 사이에서 회자되는 것들은 처음에 더 반감을 갖고 보기도 해. 니는 대중적이지 않은 걸 좋아하는 것 같아. 대중적이진 않은데 본질적으로, 내 가치관에서 바라봤을 때 아름답거나 가치 있는 무언가가 느껴질 때, 많은 사람들에게 사랑받기 위해 만들어진 게 아니라 만든 이가 스스로의 만족을 위해 순수하게 만든 무언가를 볼 때, 대중의 취향을 고려하지 않고 시류를 따라가지 않는데도 멋이 있고 좋을 때, 나는 위대함을 느껴.

하은 · 기본적으로 재영이 좋아하는 것들은 대부분 위대함이라는 가치에 가까웠을 거 같은데.

재영 · 내가 좋아하는 것들은 다 내 기준에서 위대하다고 생각하는 것들이긴 해. 나는 많은 사람들이 위대하다고 생각하는지 여부는 중요하지 않아. 소수의 사람에게라도 진정성 있게 위대하다고 생각들 수 있는 것들은 다 위대하다는 생각이 있거든. 내가 좋아하는 것들도 마찬가지고.

지수 · 재영이 우리 모임을 꾸준히 연장한 계기가 궁금해.

재영 · 나는 극심한 I라서 새로운 사람 만나러 나가는 게 너무 힘들어. 독서 모임이 나한텐 노력이 많이 들어가는 활동이거든. 그렇지만 항상 익숙한 사람들만 만나고 살면 사람이 갇히게 되는 것 같아서 일부러 하려고 하는 마음이 있어. 그리고 이 모임이 포용력 있는 모임인 것 같다는 느낌을 받아서 계속 연장하고 있는 것도 있고. 배척하지 않는 분위기가 느껴지는 모임이라고 해야 하나. 지수도 그런 분위기를 만드는 데 큰 역할을 하는 멤버라고 생각해.

(지수: 감동)

지수 · 토론할 때 재영은 경청을 많이 했잖아. 혹시 토론 중 가장 기억에 남는 말이나, 곱씹어 봤던 말 있어?

재영 · 특정 문장이 기억이 나는 건 별로 없는데, 토론을 하면서 생각보다 내가 주관이 뚜렷하지 않은 사람이라는 걸 알게 됐던 게 나에겐 정말 큰 깨달음이었어. 토론할 때 발제를 봐도 '이거다!'라고 답이 생각나는 질문들이 사실 많지 않았어. '이것도 맞는 것 같고 저것도 맞는 것 같은데 내 생각은 뭐지' 이런 고민을 계속하다가 말을 못 하고 넘어가는 경우들도 무척 많았고, 이 얘기 들으면 이게 맞는 것 같고 저 얘기 들으면 저게 맞는 것 같고 이런 경우들이 많아서, 얘기를 조리 있게 많이 하는 멤버들이 대단하다고 생각했어. 나도 저런 명확한 견해를 가진 사람이 되고 싶다, 이런 생각도 좀 했었고.

하은 · 궁금한 거 있어. 난 말하는 거를 좋아하는 편이기도 하고 파트너라서 발제를 미리 보면서 의견을 더 생각해 볼 수 있기도 해서, 토론에서 자기 의견을 말하는 재미는 잘 알거든. 근데 재영은 의견을 많이 말하지 않는데도 토론이 재밌는지 궁금해.

재영・듣는 것도 재밌어. 그리고 내가 말을 안 해도 머릿속으로 계속 상대의 말을 들으면서 생각을 계속하잖아. 그것도 재밌는 거 같아. 예를 들면, 토론할 때 말고 그냥 평소에 사람들이랑 있을 때도 말을 많이 하는 사람이 있고 더 적게 하는 사람이 있는데, 더 적게 하는 사람이 다 재미없어하진 않잖아. 그냥 그 사람이 말을 적게 하고 더 많이 듣는 사람인 거지. 난 친구들이랑 있어도 말을 잘 안 하는 편이라, 내 성향인 것 같아.

하은・재영은 주관이 별로 없다고 하지만, 본인의 색깔은 무척이나 강한 사람이라고 느껴져. 그래서 재영이 생각하는 '위대함'처럼, 주변의 시류에 흔들리지 않는 것 같은 느낌이 있어.

재영・맞아. 어렸을 때는 주변 시선을 엄청 의식하는 편이었는데, 그거에 너무 스트레스를 많이 받아서 그 반작용으로 지금은 약간 '알빠임?' 이런 마인드 셋을 장착한 사람이 됐어(웃음). 회사 생활 시작하면서 돈 벌고, 취미생활 하면서 내 삶을 가지게 됐던 시점부터 점점 그렇게 된 것 같아. 대학생 때도 사춘기까지는 아니지만 학생이라는 신분에서 온 정체성의 혼란은 여전히 조금 있었던 것 같은데, 졸업을 하고 완전한 성인이 되고 나서는 그로부터 오는 불안감이 조금 사라졌다고 해야 하나.

지수·재영이 앞으로 하고 싶은 일이나 되고 싶은 모습은 어떤 거야?

재영·아까 하은이 내가 주관이 뚜렷한 사람이라고 했잖아. 근데 내가 생각해도 나는 좋아하는 게 명확한 사람인 것 같기는 하거든. 자기 취향이 뚜렷하고 주관이 명확한 사람들 중에서 내가 느꼈을 때 너무 지나치게 쿨한 사람들이 있는데, 나는 그렇게 지나치게 쿨한 사람이 되고 싶지 않아.

주관과 취향, 그러니까 자기 색깔은 명확하지만 너무 쿨하지 않은 사람. 취향이 뚜렷한 스스로에 지나치게 도취된 사람이 되고 싶진 않아.

하은·그런 사람들은 너무 주관이 뚜렷해서 타인이 들어

올 자리가 없는 느낌이긴 하지. 근데 재영이 되고 싶다는 모습은 우리가 볼 때 이미 재영의 모습이랑 비슷한 거 같은데.

재영 · 사람이 나이가 들다 보면 머리가 굳고, 세상이 좁아지면서 점점 나만의 세상에 빠질 수 있잖아. 그렇게 되지 않고 싶다는 마음이 있는 것 같아. 주관은 뚜렷하지만 포용력이 있는 사람이 되고 싶어.

지수 · 이제 마지막 질문이야. 월간 위대함은 나에게 ○○○○○이다!

재영 · 새로운 세계!

월간 위대함에 들어왔던 가장 큰 이유가 평소에 항상 만나는 사람들만 만나고 좁은 세계에 갇혀버리는 게 두려워서였는데, 실제로 모임 하면서 월간 위대함 아니었으면 절대 못 만났을 다양한 사람들을 알게 돼서 좋았어! 그리고 평소에 잘 안 읽는 책들도 접할 수 있게 되고, 《기후 책》처럼 그 책들이 일상에 큰 영향을 주기도 하고. 그래서 월간 위대함은 내게 '새로운 세계'야.

호기심을 가질 때
내가 하고 싶은 이야기

동현

나는 항상 어디서나 말이 많은 사람이다. 공백을 메우려 말하기도 하고, 나를 드러내고 싶어 안달이 나 말하기도 한다. 그렇게 내 삶은 듣는 것보다 말하는 것에 늘 익숙한 상태였다. 그런데 월간 위대함에서는, 너무나도 그들의 이야기가 듣고 싶어 내가 스스로 고요해지게 되는 '멋진 사람'들도 있었다. 동현도 그중 한 명이었다.

멋진 사람, 이라고 하면 흔히 떠올리는 모습을 나열해 보자. 자신의 일을 사랑하고, 총명하고, 직업에 몰두하고, 아는 것이 많은 사람. 이 모습 대부분을 건져낸 것이 동현임은 맞지만, 동현이 그렇기 때문에 멋진 사람인 것은 아니다. 그는 호기심이 많고, 사랑하는 것이 많다. 그리고 무엇보다, 그 호기심으로부터 하고 싶은 이야기가 있다. 그리고 그 이야기를 통해 더 나은 호기심을 추구하고, 그로부터 더 나은 작품을 만들고 싶어 한다. 그의 호기심은 단발적이고 자극적인 것을 포착하려 하지 않는다. 더 뭉근하게, 더 멀리 더 넓은 곳을 향한다.

그가 영화에 대해 얘기하며 눈을 반짝일 때는 유독 더 멋지고 대단해 보인다. 여태껏 그토록 빛나는 눈을 본 일이 없었기 때문이다. 나는 그가 만들어갈 삶의 궤적이, 그리고 영화가, 무한히 궁금하다.

지수 · 인터뷰이 선정을 할 때 내가 동현 옆에 쓴 단어가 있거든. '호기심 천국'. 내게 동현은 항상 새로운 걸 시도하고 궁금해하는 이미지로 크게 각인이 되어 있어. 이 책을 읽을 사람들 중에 동현을 모르는 사람도 있을 텐데 그들에게 스스로 자기소개를 한다면?

동현 · 최근에 어딘가에 자기소개를 해야 할 일이 있어서 한번 정리를 했어. 그러면서 느낀 건데, 옛날에도 그렇긴 했지만 요즘엔 더욱, 나를 소개할 때 '영화' 얘기를 먼저 하고 싶더라고. 영화를 보는 것 이상으로 좋아해서 2년 전부터 직접 단편 영화도 연출하고 계속 공부하고 있는 상태의 사람이야. 당장 하고 있는 일은 프로덕트 매니저(PM)라는 직무인데, 이 일도 재밌어서 집중해서 하고 있어. 그렇지만 30대 중후반부터는 꾸준히 포트폴리오를 쌓아서 진지하게 영화인으로 살아가는 게 목표야.

그리고 약간은 주변 사람들을 닮는 습성이 있어. 그래서 일부러 주변에 좋은 사람들을 많이 두려고 노력해. 그 마음이 연결돼서 여러 활동들을 한 것이 아닐까 생각해.

지수 · 동현은 직업적인 영역 말고도 관심 있는 게 많고, 꾸준히 하고 있는 게 많잖아. 잠은 어떻게 자는지 시간 관리는 어떻게 하는지 궁금해.

동현 · '잠 거의 안 자고 24시간 뭔가를 하고 있다.'는 멋있는 말을 하고 싶기는 한데, 잠은 생각보다 잘 자는 것 같아. 사람들이 6시간은 자야 한다던데, 그 정도는 자거든. 그럼에도 많은 걸 할 수 있는 이유 중에 하나가 사이사이 자투리 시간을 잘 이용하는 것 같아. 그리고 다른 하나는, 혼자 하지 않는다는 것. 예를 들면 지금 하는 일도 그렇고, 영화도 그렇고, 같이 하는 사람들이 조금 조금씩 있거든. 그게 간접적인 영역에서만 머무르지 않고 다양한 경험을 할 수 있는 이유라고 생각해.

지수 · 좋은 사람들 곁에 둔다는, 아까 그 말이랑도 이어질 수 있을 것 같아.

동현 · 맞아. '기본 학교'라는 철학 학교를 간 것도 그중 하나야. '6개월 동안 지방에 계속 가면서 사유하는 일에 자기 시간을 탕진해 보려는 사람들은 나랑 더 잘 맞거나, 나한테 자극을 주지 않을까?' 하는 생각이 많이 들었어. 4년 동안 유지하고 있는 '회고 여행'도 있는데, 대략 6명의 멤버와 꾸준히 가고 있어. 자주 만나지 않지만 한 3개월에 한 번은 꼭 만나면서 서로 회고를 공유하기도 하고, 대화도 나눠. 간헐적으로라도 이렇게 좋은 모임은 계속 유지하려고 노력해.

지수・월간 위대함 독서토론 마지막에 질문 중에 '오늘 머리가 띵했던 경험은?'이 있잖아. 동현이 《뉴스의 시대》 토론에서 한 발언이 나는 엄청 인상 깊었거든. 자기가 생각하는 개념을 이렇게 직관적으로 짧게 전달할 수 있는 그 능력이 감탄스럽더라고. 이런 것처럼 동현도 토론 중에 상대방의 인상 깊었던 말을 들어봤거나, 아니면 시간이 지나서 그 말을 곱씹어 봤던 경험이 있다면 어떤 게 있을까?

동현・누군가의 말 자체를 곱씹은 건 많지 않았던 것 같아. 다만, 월간 위대함을 하면서 늘 했던 생각 중에 하나는 이런 거야. 난 상대적으로 마키아벨리식 군주와 초인 같은 개념에 열려 있는 사람이야. 그래서 오펜하이머가 폭력적인 무기를 만든 것은 맞지만, 그것으로 인해 평화와 정의가 유지됐다고 생각하고. '강함'이라는 게 권력자의 절대적인 힘처럼 느껴지고, 그래서 가끔은 부정적으로 비치지만, 난 오히려 타노스를 영웅이라고 생각하는 편에 속해. 자기가 사랑하는 딸을 제물로 바치는 건 웬만한 영웅도 못하는 희생이잖아. 이런 식으로 강함이라는 가치를 악으로 보기보다 선으로 보는 편의 말을 많이 했어. 월간 위대함 멤버들 중 '일론 머스크' 같은 강한 CEO 좋아하는 사람들은 저랑 결이 비슷하다고 느꼈고. 근데 대표적으로 지수라든가 수지 같은 친구들은 특히 더 약자에 대한 배려와 서로에게 공정할 수 있는 방법 대해서 열심히 주장한다고 느꼈어. 보통의 내 세계관 속 사람들만 만나면 자주 그런 대화를 못하거든. 그래서 우리의 대화는 '결과적으로는 그럼 독점해야지, 그러면은 독재정권 해야지.' 약간 이런 느낌에 가까워져(웃음). 근데 월간 위대함에서 위대한 걸 얘기하면서도 다양한 의견, 그러니까 거의 반대되는 의견을 매월 나눈 거니까 그 경험 자체가 내 관점에 영향을 주더라고. '저 관점도 생각해 보기는 해야지. 저 관점을 저렇게까지 강하게 주장한다면 내가 뭔가 모르는, 뭔가 보지 못한 게 있나?' 이런 생각을 하게 됐어.

지수·동현이 앞으로 하고 싶은 일이나 되고 싶은 모습이 있다면 어떤 걸까?

동현·요즘 더 구체화되고 있어. 내 롤 모델 중에는 영화감독이 많아. 음, 예를 들면 공포 영화를 찍던 사람이 공포 영화만 찍을 때, 나는 그가 '위대'하다고 생각해. 근데 롤 모델까지는 아닌데 처음엔 이런 영화, 나중엔 저런 영화, 이렇게 다양한 스타일을 다 잘하는 사람도 꽤 좋아해. 그런 부류로 나한테 충격을 전해줬던 사람은 윤태호 작가야. 매번 새로운 걸 시도하고, 그때마다 엄청나게 취재하고 열심히 공부하고 이해해서 자기의 작품으로 다 녹여내고. '이 사람은 죽기 전까지 정말 정말 많은 걸 경험하면서 살겠다.'는 생각이 들더라고.

지수가 나를 호기심 천국이라고 해줬잖아. 나도 삶에 다채로운 관심을 가지면서 빨빨거리면서 살거든. 호기심이 호기심으로 끝나는 게 아니라, 그게 잘 녹아서 다채로운 작품을 만드는 데 영향을 줬으면 좋겠어. 그래서 결과적으로 삶을 다채롭게 살고 있는 것 자체가 내 프로페셔널함이랑도 직결되는 일석이조의 삶, 선순환적인 삶을 살고 싶어. 그중에 나름 중요하게 생각하는 것 중에 하나가 영어야. 나는 한국인으로서 사는 게 아니라 지구인으로서 살고 싶다는 생각을 많이 하거든. 언어만 통하고 문화만 알면 지구 어디든 다 살 수 있는 곳이잖아. 이왕이면 세상 넓게 살아보고 싶고, 그래서 언어도 다양하게 잘하고 싶어.

지수 · 동현은 최근에 이직했잖아. 작게는 이직도 그렇지만, 동현이 전공이랑 직업을 연결시켜서 커리어를 계속 쌓은 것도 아니고, 미래의 꿈을 얘기할 때도 지금 하고 있는 직무와 조금 다를 수 있는 일을 말한 것도 그렇고. 삶에서 다양한 시도를 계속하고 있는데, 새로운 시도를 할 때 두려움이나 초조함이 있는지, 있다면 어떻게 극복하는지 동현의 이야기가 궁금해.

동현 · 버터낼 수 있는 수준의 도전까지만 하는 것 같아. 생각보다 엄청 겁이 많은 타입이거든. 만약 영화가 그렇게까지 하고 싶으면, 바로 지금부터 영화를 하면서 살아도 되잖아? 근데 난 겁도 많고, 스스로를 미친 듯한 위기로 밀어 넣었을 때 효율이 잘 나는 사람은 아니라고 생각해. 그래서 영화 쪽으로 넘어갔을 때 위기감을 느끼지 않을 수준으로 돈을 벌어 놓고 있어. 그리고 영화를 하지 않고 돌아와도 인정받으며 이 업계로 돌아올 수 있으면 좋겠다고 생각해서 계속 성과를 만들어내려고 해. 0부터 만들어내는 PM 역할을 일부러 하는 이유지. 유명하고 큰 회사도 좋지만, 많은 걸 0에서부터 주도하는 경험이 결국엔 영화 업계로 넘어갔을 때 필요할 거라고 생각하거든. 아마 자존감이 계속 낮아지는 경험을 할 테니까. 여기 더 잘하는 사람 많고, 일찍 시작해서 더 유리한 사람도 많고……. 근데 그때 자존감에 조금이나마 덜 상처를 받으려면 뭐 하나 잘하는 건 명백하게 있어야 한다고 생각해.

지수 · 아쉽게도, 벌써 마지막 질문이야. 동현에게 월간 위대함은 ○○○○○이다!

동현 · 월간 위대함은 '좋은 도파민'이다.

처음에 도파민 중독에서 벗어나서, 그 시간에 위대함을 탐구하기 위해 모였잖아. 월간 위대함은 피하지 않아도 되는 도파민인 것 같다,라는 생각으로 마무리하고 싶어.

소소한 것의 위대함,
무용한 것의 아름다움

하은

안녕하세요. 2016년 1월부터 시작해서 트레바리 파트너로 함께 한 지 8년 차 된 [월간 위대함]의 파트너 이하은입니다. (…) 사실 저는 위내함보다는 소소함, 유용한 것보다는 무용한 것을 더 좋아하는 사람입니다. 아니 더 정확하게 이야기하면 소소한 것의 위대함, 무용한 것의 아름다움에 대해 이야기하는 것을 좋아해요. 잘하는 것 말고 해야 하는 것도 해보려고요. 혼자서는 절대 안 할 테니, 같이 해주실 멤버분을 찾습니다!

하은이 작성한 이 클럽의 소개글이다. 내가 어떤 묘사를 한다고 해도 하은에 대해 이보다 더 잘 설명할 수는 없을 것이다. 하은은 정말로 '위대함보다는 소소함, 유용한 것보다는 무용한 것을 더 좋아하는 사람'이니까.

한 시즌만 할 것 같았던 이 모임이 2년 동안 유지되고 있는 것도 파트너인 하은이 힘써준 덕이 크다. 하은이 월간 위대함에, 그리고 멤버들에게 주었던 어마어마한 애정을 하나하나 나열하기보다, 나는 이 에피소드를 소개하고 싶다.

독서 모임에서 언젠가 결혼에 관련된 이야기가 나온 적이 있다(아마 《에로스의 종말》 모임이었을 것이다.). 그때 하은은 결혼식에 가는 일이 참 즐겁다고 말했다. 많은 사람들의 축하를 받는 신랑과 신부를 보는 일이 좋았다고. 나는 그때 이런 말을 했다. "저는 반대로 결혼식에 가면 마음이 안 좋아요(토론 때는 경어를 사용해야 한다는 규칙이 있었다.). 우리나라에서 결혼한 부부 세 쌍 중 한 쌍은 결국 이혼한다던데, 그럼 저 부부도 슬픈 결말을 맞게 될까? 만약 그렇다면 대체 무슨 이유로 헤어지게 될까? 이런 안 좋은 생각이 들어서요."

나는 언제나 끊어진 인연을 생각하면 마음이 아팠다. 살다 보면, 일하는 곳이 바뀌면, 사는 곳이 멀어지면, 다 그렇게 하나둘 연락이 끊겨가는 거라던데 나는 그 말을 받아들이기가 힘들었다. 누군가와 연락이 뜸해지고, 다시 연락하는 것조차 민망해질 정도가 되면 나는 늘 그 사람과 행복했던 과거를 추억하며 슬픔에 잠겼다. 그래서 연애도, 우정도. 내가 그들과 얼마나 행복한 시간을 보냈느냐와 관계없이 그 사람이 내 현재에 닿아있지 않은 사람이 되면 그 인간관계는 실패한 것이라고 생각했고, 그에 따라 쌓아 왔던 모든 추억은 다 나를 아프게 하는 기억들로 바뀌었다. 그땐 참 재밌었는데, 내가 무심해서, 연락을 자주 하지 않아서, 그래서 멀어진 걸까. 이 생각들로 인해, 언젠가 나는 가까이하고 싶은 사람을 만날 때면 이렇게 물었다. "나랑 언제까지 친구 할 거야?" 그 대답이 무엇이든 간에 우리가 평생 친구를 하지 못할 수도 있겠다는 생각이 들면 그때부터 또 마음이 아파오기 시작했다.

세 쌍 중 한 쌍이 이혼. 저주처럼 들릴 수도 있을(절대 그런 의도는 아니었다.) 내 말을 듣고, 하은은 이렇게 말했다. "저는 그렇다고 해도 결혼식이 좋아요. 그 순간에 받았던 축하는

다 진심이잖아요."

그 말을 듣고 머리를 한 대 맞은 것 같았다. 그들이 어떤 결말을 맞게 되더라도, 그 순간의 행복은 전부 진실일 텐데. 마찬가지로 내가 친구들과 훗날 연락이 닿지 않는다고 해도, 그들에게 받았던 응원과 위로는 모두 진심이었는데. 나는 얄팍한 비관에 빠져 그걸 우습게 여기고 있었다. 좋았던 시간을 애써 얼룩으로 만들면서까지.

이 글을 빌려 하은에게 말하고 싶다. 나는 하은과 친구가 될 수 있어 무척이나 행복했다고. 미래에 우리가 연락이 뜸해지고, 과거를 추억할 때나 떠올릴 정도의 관계가 되더라도, 지금 하은을 만나고 얘기할 수 있어서 감사했다고 말이다. 위대함보다는 소소함, 유용한 것보다는 무용한 것을 더 좋아하는 사람. 사람을 좋아하고, 사랑을 좋아하는 사람. 하은은 회색투성이인 도시에서 노란 꽃봉오리를 피울 수 있는 사람이니까.

지수 · 하은을 떠올리면 무용한 것들을 따뜻하게 바라보는 시선이 가장 먼저 생각나. 하은을 모르는 이들에게 자기

소개를 한다면 어떻게 하고 싶어?

하은 · 나는 사람을 좋아하고, 이야기를 좋아해. 햇수로 8년 차 트레바리를 하고 있어.

지수 · 8년이면 독서 모임을 정말 길게 했네! 여러 모임을 거쳐 월간 위대함에 들어오게 된 계기가 궁금해.

하은 · 한때 트레바리 말고도 유튜브를 중심으로 한 커뮤니티 활동을 한 적이 있었어. 그때 ODG를 좋아하는 사람이 꽤 있어서 '이게 뭐지?' 하고 보기 시작했는데, 영상이 정말 좋은 거야. 한동안 ODG에 푹 빠져서 옷도 사고 그랬어.

사실 나는 ODG 채널 자체를 좋아했지, 성원에 대한 정보는 거의 없었어. 오히려 트레바리 대표가 "3년간의 구애 끝에 드디어 클럽장으로 모셨습니다."라고 소개하는 모습이 흥미로웠고, '이 콘텐츠를 어떻게 만들었을까?' 하는 과정에 대한 관심이 더 컸어.

또 나는 기존 미디어 쪽에 있다 보니, 새로운 미디어를 통한 콘텐츠 제작에 대한 준비도 필요하지 않을까 고민하고 있었거든. 그런 기대를 안고 신청했는데, 트레바리에서 연락이

와서 파트너를 맡게 되었어.

지수 · 하은은 깊이 있고 통찰력 있는 말로 우리에게 좋은 영향을 주잖아. 하은도 이 모임으로부터 영향을 받았다거나, 아니면 마음에 새기고 있는 말 같은 게 있어?

하은 · 우선 동현과 도원을 보고 자극받는 게 있어. 그 둘을 보면 본인이 만들고 싶어 하는 영상에 대해 잘 표현하고, 더해서 그걸 만들기 위한 길을 천천히 계획적으로 잘 가고 있는 느낌이야. 그걸 위해서 지금 어떤 노력을 하고 있고, 다이렉트로 가는 길은 아니어도 본인들의 목표인 좋은 영상 혹은 영화를 위해 꾸준히 노력하지. 그 자체가 내게 자극이 되기도 하고, 나는 목표가 영상인 건 똑같은데 '지금 뭘 하고 있지? 가고 싶다고만 얘기하고 있구나', 이런 걸 깨닫게 되면서 작은 거라도 실행해야겠다고 생각하기도 했어.

그리고 지수를 보고 느끼는 것도 있어. 처음에는 지수가 나랑 되게 다른 사람이라 생각했거든. 근데 지금 떠올렸을 때 나랑 제일 비슷한 사람은 지수라고 생각해. 내가 좀 더 어렸을 때 가지고 있었는데, 지금은 내가 그걸 가졌었단 사실

조차 까먹은 것을 지수가 가지고 있는 게 되게 많아. 그래서 그런 걸 떠오르게 해. "나도 저렇게 했었는데, 나 저거 잊어버리고 살고 있는 거 있는 것 같다." 이런 생각이 들어.

동희도 비슷한 얘기 했었는데 '내 여리고 약한 어떤 부분'이 시간 지나면서 좀 무뎌지기도 하고 내가 숨기기도 하다 보니까 이게 너무 잘 감춰진 거지. 근데 지수가 그거를 그냥 그대로 잘 가지고 있어. 그리고 나는 그때도 그거를 잘 감췄던 것 같은데 지수는 본인이 그런 사람이라는 걸 또 잘 보여주는 것 같아. 거기서 오는 묘한 해방감과 그걸 응원하게 되는 마음이 있어. 내가 '지수는 글을 계속 쓰면 좋겠다.'고 생각하는 것도 비슷한 느낌인 것 같아.

(지수 감동…)

지수·하은은 사람과 이야기를 좋아한다고 했는데, 사람을 사랑할 때는 인류애처럼 넓은 범주의 사랑도 있잖아. 나는 기본적으로 인류애가 보편적으로 자리 잡은 사회가 맞다고 생각하고, 또 그런 방향을 지향해. 멀리서 바라보면 인간을 무척 사랑하는데, 정작 내 주변에서 일어나는 일들에는 그렇게 관대하지 못한 것 같아. 예를 들면, 누군가 어깨빵을 하고 지나가면 순간적으로 분노가 확 올라온다든가. 그럴 때마다 '사람을 사랑하는 게 참 쉽지 않다, 그래도 사랑해야지' 하고 스스로 다짐하는 쪽이야. 하은은 어떤지 궁금해. 나처럼 사랑하려 애쓰는 편인지, 아니면 사람의 모난 부분들까지도 자연스럽게 받아들이면서 사랑하는 건지.

하은 · 나도 그런 사람들 정말 싫어하지만, 크게 분노하기보다는 연민이 드는 편이야. 예를 들면, 택시를 탔는데 기사님이 짜증스럽게 굴면 순간 기분이 상하긴 하지만, 곧 이런 생각이 들어. 나는 저 기사님을 만나서 잠시 기분이 상했을 뿐이지만, 저분은 내가 아닌 다른 사람과도 비슷한 상황을 겪으며 계속 짜증 날 일이 많겠지. 나는 택시를 내리면 그냥 일상으로 돌아가 행복하게 살 수 있는데, 그 아저씨는 그게 쉽지 않을 거라는 생각이 들어. 그래서 나는 잠깐의 불쾌함을 넘기고 그 사람에게 연민을 느끼게 돼.

그리고 나는 그런 사람에게 조금 궁금함도 생겨. 저 사람은 왜 그런 행동을 했을까? 예전에 할머니가 돌아가셨을 때였나, 할아버지가 돌아가셨을 때였나, 멘탈이 조금 나가서 지하철을 탔던 적이 있었어. 원래 지하철은 사람이 내린 후에 타야 되잖아. 그런데 정신이 없어서 그냥 사람이 내리지 않았는데 탔어. 그때 어떤 할아버지가 내리려고 하다가 나에게 엄청 짜증을 내며 "사람이 내리고 타야지!" 하면서 화를 내셨지.

근데 그 할아버지는 내가 어떤 상황인지 모르잖아. 내가 할머니(혹은 할아버지)가 돌아가셔서 속상하고 멘탈이 나간 상태라는 걸 알 리 없으니까. 그 아저씨는 그냥 내가 '예의 없는 요즘 사람'으로 보였을 거야. 그 상황에서 그분이 충분히 나를 그렇게 판단할 수 있다는 생각이 들었어. 나는 지나가는 사람들에게 그들의 단면만 보여주고, 그들이 어떤 일을 겪고 사는지 알 수 없으니까 그 점을 생각하게 돼.

가끔 어깨빵 같은 걸 낭했을 때, "저 사람이 진짜 안 좋은 일이 있을 수도 있겠지. 저 사람의 삶이 지금 어깨빵 없이 스트레스가 해소되지 않는 상황일 수 있겠지."라고 생각하려는 마음이 있어.

지수 · 사람을 사랑하는 팁이나 방법 같은 게 있어? 아니면 그런 하은의 타고난 성정 같은 거야?

하은 · 나는 모든 사람이 사람을 사랑해야 된다고 생각하지 않아. 물론 사랑하면 좋겠지. 근데 나도 내가 노력해서 이런 걸 가지고 있는 게 아니고 그냥 타고난 거라고 생각하는데, 이것도 장단점이 있거든.

하지만 사람을 사랑하는 사람이 많아지는 건 좋겠지. 나는 좋은 것은 자연스럽게 퍼지고, 그 영향을 받을 사람에게는 자연스럽게 그 영향이 가는 거라고 생각하거든.

지수 · 다 장단점이 있고 모든 사람이 그래야 한다고 생각하지 않는다,라고 하은이 말했잖아. 그렇게 사람을 딱딱 나누지 않는 것 자체가 사랑의 근간인 것 같다는 생각이 들어.

하은 · 그렇기도 한 것 같아. 왜냐면 다 이랬으면 좋겠어, 라고 하면 안 그런 사람이 꼴 보기 싫잖아. 근데 나는 이런 사람이지만 안 그런 사람도 있고. 내가 이걸 노력해서 얻은 게 아니고 사실 타고난 성정인데. 그런 사람들 중에서도 그 성격이 싫어서 괴로운 사람도 있을 거고.

지수 · 앞으로 하은이 하고 싶은 일이나 되고 싶은 모습은 뭐야?

하은· 어떤 이야기의 처음과 끝을 내가 다 만들고 죽고 싶어. 그게 영상이라고 확신할 수는 없지만, 아마도 영상일 것 같아. 아무튼 일단은 내 이야기를 만들고 싶다! 지금 기획 PD로도 그걸 하고 있지만 조력자 느낌 정도거든. 그래서 내가 좀 더 주도해서 이야기를 만들고 싶어. 요즘 그 생각이 되게 많이 들었는데, 월간 위대함에서 더 욕심이 생긴 것도 있는 것 같아.

지수· 하은은 어떤 이야기를 만들고 싶어?

하은· 사랑 이야기하고 싶어. 그러니까 엄청 거창한 이야기, 예를 들어 세상에 어떤 메시지나 인사이트나 교훈을 주거나, 영화를 보고 난 다음에 생각하게 하고 내 세계를 넓혀주고, 이런 콘텐츠들 있잖아. 그런 걸 보는 건 좋아하지만 솔직히 만들 자신은 없어. 나는 내가 만든 콘텐츠를 보고 사람들이 재밌어하거나 위안받거나 설레하거나 그랬으면 좋겠어. 그런 건 만들 수 있을 것 같아. 누군가한테 재미를 줄 수 있는 거.

그것도 사람이 좋아서인 것 같아. 내가 굳이 왜 이렇게까지 사람들한테 재미있는 거를 주고 싶은 마음이 있을까, 생각해 보면 그건 사람을 좋아하지 않으면 안 되는 거니까. 메시지를 전하는 건 사람을 좋아하지 않아도 할 수 있을 것 같아.

근데 나는 그게 아니야. 불특정 다수가 내가 만든 콘텐츠를 보고 재미있어했으면 좋겠다는 마음이 있어. 내가 어렸을 때부터 드라마 보는 것도 좋아하고 책 읽는 것도 좋아하고 그랬다고 했잖아. 호기심, 재미, 위로……. 내 삶에 그런 걸 줬던 건 콘텐츠였어.

지수 · 이제 마지막 질문. 월간 위대함은 ○○○○○이다!
하은 · 나한테 월간 위대함은 마지막 모임이다!
나는 월간 위대함이 끝나고 난 다음에는 이렇게 또 모임을 만들 생각 없어.

지수 · 이랬는데 책 나오고 번복하면 어떡해(웃음)!
하은 · 원래 연애할 때는 그 사람이 끝사랑인 것처럼 하는 거잖아.

물론 또 모임을 할 수도 있긴 하지. 나의 성향상, 나중에 가서 할머니들 모임도 할 수 있고. 어딘가에서 무슨 모임은 항상 하고 있을 것 같기는 한데, 지금 마음으로는 월간 위대함 모임이 없어지고 난 다음에는 이렇게까지 모임을 할 일은 없지 않을까라고 생각해.

(지수 너무 감동)

지수 · 난 이 모임이 정말 좋아. 오래오래 갔으면 좋겠어.
하은 · 그치, 나도 그 마음이 있어.

나가며

수지

늘 책 한 권을 만들어보고 싶었다. 손으로 만질 수 없는 제품만 만들어오다 보니 물리적인 무언가에 대한 갈증이 있었던 것 같다. 가끔씩 글을 쓰긴 했지만, 책을 만드는 일은 엄두가 나지 않았다. 그런데 이렇게 책 한 권을 손에 쥐게 되어, 진심으로 뿌듯하고 기쁘다.

직업병을 버리지 못하고 매니징(이라 부르는 채찍질)을 하는 나를 보며 다들 '내가 없었으면 책을 만들지 못했을 거'다라고 장난스럽게 말하지만, 나는 멤버들이 없었다면 이 책을 절대 완성할 수 없었을 거라고 생각한다. 덕분에 마음 한구석에만 머물러 있던 일을 현실로 만들어낼 수 있었다.

1년이 넘는 긴 기간 동안 이 책을 함께 쓰면서 나는 다시 한번 '우리'의 힘을 느꼈다. '내' 책이 아니라 '우리'의 책을 만들고 있기에 어떻게든 끝까지 해낼 수 있었다. 함께한 약속을 지키기 위해 퇴근 후 늦은 시간까지 글을 쓰고, 서로 지치지 않게 파이팅을 외쳤으며, 누군가 지쳤을 땐 다른 누군가가 대신 힘을 내며 나아갔다.

부족한 부분도 많지만, 내겐 참 소중한 이 책을 만들 수 있게 해 준 월위대생 멤버들, 인터뷰에 참여해 준 분들, 모모북스, 그리고 그 과정을 응원해 준 모든 분들께 진심으로 감사드린다.

하은

"너 내 동료가 돼라"

오래전 읽었던 만화책 《원피스》 속 명대사다. 책 만들기 모임의 마지막, 아웃트로를 쓰기로 했을 때 《원피스》 주인공들이 다 같이 왼팔에 새겨진 동료의 표식을 들어 올리는 뒷모습이 제일 먼저 떠올랐다. 책에도 썼지만, 나는 늘 같은 목표를 향해 함께 걸어가는 동료에 대한 갈증이 있었다. 서로 끌어주고 밀어준 수지, 지수, 인희, 승호 덕분에 끝까지 해낼 수 있었다. "앞으로 무슨 일이 있어도 왼팔의 이것이 동료의 증표다"는 원피스 명대사처럼 우리가 함께 나눈 다정함과 위대함이 책이라는 표식으로 남았다. 군데군데 담긴 우정의 조각들을 찬찬히 들여다봐 주시면 감사할 것 같다. 우리가 함께했던 시간들이 오래도록 빛나기를 바라며.

지수

글을 쓸 때 가장 어려운 순간은 완성된 내 글을 마주할 때이다. 언제나 성에 차지 않는 글 투성이고, 이 글도 예외는 아닐 것이다. 더군다나 인쇄된 종이책이라 수정할 수도 없으니 어쩌면 더 깊은 자괴감이 밀려올지도 모른다. 그런데도 이번만큼은 지울 수 없는 내 글을 바라볼 날이 두렵지 않고, 오히려 설레기까지 한다. 이 책에 담긴 글과 대담 전체가 멤버들에게 보내는 감사 편지이기 때문이다.

월간 위대함을 하는 동안 나는 여러 번 힘든 시간을 마주했다. 그럴 때마다 멤버들을 붙잡고 "고립되고 싶다, 세상과 단절되고 싶다."라고 줄기차게 외쳤다. 그렇게 외치면서 2년 동안 꼬박꼬박 모임에 나왔다. 매달 책을 읽고 독후감을 썼다. MT와 번개에서 음악 퀴즈를 할 때는 누구보다 열정적으로 임했다.

나는 정말 단절을 원했던 걸까? 스스로에게 줄곧 되묻지만, 분명한 것은 그때의 나는 그렇게 믿었다는 사실이다. 나를 향해 내밀어지는 모든 손길을 피해 어딘가로 가라앉고 싶었다. 그러나 이곳의 친구들이, 따뜻한 마음들이 나를 그렇게 내버려 두지 않았다. 내가 맡겨놓은 것처럼 위로와 응원을 달라고 하면, 정말 맡아놓았던 것처럼 척척 내어주었다. 그 따뜻함 속에서 나는 적어도 너무 깊이 어딘가로 빠지지 않을 수 있었다. 이런 사람들과 책으로 연결될 수 있었다는 사실에 감사할 뿐이다.

마지막으로, 내가 쓴 글이 종이책이라는 물성을 가질 수 있도록 도와준 이들에게 진심으로 감사의 마음을 전하고 싶다.

월간 위대함에서 만난 모든 따뜻한 마음들, 그리고 이 글을 읽고 있는 이들에게.

인희

내가 이 모임에 들어온 것은 내가 막 퇴사를 결심하던 때였다. 눈앞으로 성큼 다가온 출근 없는 삶에 대한 기대감과 불안감이 교차하던 때, 카톡방에서 발견한 "책 만드는 모임"은 나의 무용함에 대한 꽤나 그럴듯한 반박이 될 수 있을 것 같아 보였다. 새로운 삶에 완벽히 적응해 글 쓸 시간이 부족해지는 데는 1주일이 채 걸리지 않았지만, 앞으로 할 일도 없는데 글 몇 편 쓰는 것쯤 어려울까 싶던 오만함이 내 발을 떠밀던 그때가 지금은 조금 그립기도 하다.

책을 만드는 과정은 그야말로 우당탕탕이었다. 다시 돌아보면 어떻게 책이 나올 수 있었을까 싶을 정도로 우리는 가지각색이었다. 이 과정을 영화 〈Flow〉에 빗대어 표현하고 싶다. 우리는 카피바라 수지가 이끄는 배에 올라탄 고양이, 개, 새, 원숭이였고, 모두가 온순했지만 동시에 그 누구도 순종적으로 어우러지진 않았다. 나는 처음 회의를 진행하던 순간부터 '과연 책이 나올 수는 있을까?' 조금은 회의적이었지만, 넘실대는 파도 속에서도 함께하는 친구들이 있어서 낙오 없이 끝까지 완주할 수 있었다 믿는다.

그래서 나는 이 책을 만든 경험 역시 영화 〈Flow〉의 카피에 빗대어 표현하고 싶다. "혼자라도 괜찮은 인희 함께라서 더 즐거운 모험을 떠나다." 부디 나의 경험과 그 결과물로서의 이 책이 내가 극구 반대했지만 결국 채택된 우리 책의 기획의도대로 누군가에겐 공감을 또 누군가에겐 격려가 될 수 있길 바란다.

승호

나는 태생적으로 게으르고 독립적이며, 효율만을 좇아왔다. 한때는 고립 속에서 위대함의 그림자를 쫓던 기억이 있다. 다른 사람들을 만나는 것보다, 위대한 인물들의 진지한 조언이 담긴 팟캐스트와 정리된 영상 속 지혜가 내 성공과 미래를 이끌어줄 것이라 믿었다. 오랜 시간 스타트업을 운영하며 수많은 비즈니스 관계의 굴곡을 겪었다. 때로는 본의 아니게 믿음을 잃고, 인간관계 속에서 마치 얇은 얼음판 위를 딛고 서 있는 듯한 위태로운 순간들도 있었다. 인간은 본질적으로 이기적이라는 생각에 사로잡혀 주변 사람들의 나에 대한 관심마저 그들의 필요에 의한 것이라 의심하게 된 나는, 여유를 찾은 순간에 나를 찾아오는 이들이 진심인지 나를 단순 필요로 인한 것인지 확인하고 싶었다. 그런 경험 속에서, 필요에 의한 만남보다 운명이나 인연에 더욱 집착하는 나 자신을 발견했다.

그러던 어느 날, 우연한 관심 속에 오랜 시간 동안 지켜본 성원이 독서 모임을 만든다는 글을 봤다. 그 사람에게 느껴지는 이끌림과 도파민 탈출이라는 주제는 내 내면 깊은 곳을 흔들었다. 나는 자연스레 그 모임에 스며들었다. 그렇게 만난 이들과의 인연 속에서, 어느새 나는 그들과 함께 책을 쓰고 있다.

한 달에 한 번, 자주는 아니지만 너무 드물지도 않은 그 시간들은 내게 따뜻한 온기를 선물해 주었다. 함께하면서 깨달은 것은, 내가 한때 믿었던 효율만이 전부가 아니라는 사실이었다. 문을 나서기조차 꺼려졌던 나날 속에서도, 인간미 넘치는 만남과 진솔한 대화가 얼마나 소중한지, 그리고 그것이 내게 얼마나 큰 용기를 주었는지를 알게 되었다.

이 책은 그러한 따뜻한 만남의 조각들을 담은 기록이다.

독서 모임과 그곳에서 만난 인연을 통해, 나는 성공만을 좇았던 과거의 나를 돌아보게 되었다. 아이러니하게도, 내가 맹목적으로 추구하던 성공이란 것도 결국 새로운 인연을 통해 찾아온다는 것도 깨달았다. 실제로 이 모임을 통해 내가 생각하는 성공한 사람들을 만나 인터뷰도 나누었고, 그들의 이야기는 내게 또 다른 배움의 기회를 주었다.

우리가 이 책에서 말하고자 했던 것은, 사람과 사람 사이에서 피어나는 그 '따뜻한 인연의 위대함'이다. 어쩌면 우리는 서로에게 필요한 온기를 주고받으며 살아가는지도 모른다.

이 책이, 문밖으로 나서기 두려운 누군가에게 작은 용기의 씨앗이 되길 바란다.